Siegfried J. Schmidt
Reinhard Zobel

Empirische Untersuchungen zu Persönlichkeitsvariablen von Literaturproduzenten

Konzeption Empirische Literaturwissenschaft

Herausgegeben von der Arbeitsgruppe NIKOL
Achim Barsch, Peter Finke, Helmut Hauptmeier, Walther Kindt, Dietrich Meutsch, Gebhard Rusch, Siegfried J. Schmidt, Reinhold Viehoff, Reinhard Zobel

Band I	S. J. Schmidt, Grundriß der Empirischen Literaturwissenschaft 1: Der gesellschaftliche Handlungsbereich Literatur 2: Zur Rekonstruktion literaturwissenschaftlicher Fragestellungen in einer Empirischen Theorie der Literatur
Band II	P. Finke, Konstruktiver Funktionalismus. Die wissenschaftstheoretische Basis einer empirischen Theorie der Literatur
Band III/IV	D. Hintzenberg/S. J. Schmidt/R. Zobel, Zum Literaturbegriff in der Bundesrepublik Deutschland
Band V	S. J. Schmidt/R. Zobel, in Zusammenarbeit mit F. Popp und R. Viehoff, Empirische Untersuchungen zu Persönlichkeitsvariablen von Literaturproduzenten
Band VI	G. Rusch/S. J. Schmidt, in Zusammenarbeit mit A. Brühl, H. Ebbinghaus, K. Knüppel und S. Tünnermann, Das Voraussetzungssystem Georg Trakls

Siegfried J. Schmidt
Reinhard Zobel

in Zusammenarbeit mit
Franz Popp und Reinhold Viehoff

Empirische Untersuchungen zu Persönlichkeitsvariablen von Literaturproduzenten

Springer Fachmedien Wiesbaden GmbH

CIP-Kurztitelaufnahme der Deutschen Bibliothek

Konzeption empirische Literaturwissenschaft / hrsg. von d. Arbeitsgruppe NIKOL. Achim Barsch ... –

Teilw. hrsg. von Peter Finke ...

NE: Barsch, Achim [Hrsg.]; Finke, Peter [Hrsg.]; Arbeitsgruppe NIKOL

Bd. 5. → Schmidt, Siegfried J.: Empirische Untersuchungen zu Persönlichkeitsvariablen von Literaturproduzenten

Schmidt, Siegfried J.:
Empirische Untersuchungen zu Persönlichkeitsvariablen von Literaturproduzenten / Siegfried J. Schmidt; Reinhard Zobel. In Zusammenarbeit mit Franz Popp u. Reinhold Viehoff.

(Konzeption empirische Literaturwissenschaft; Bd. 5)

ISBN 978-3-528-07325-1 ISBN 978-3-663-14138-9 (eBook)
DOI 10.1007/978-3-663-14138-9

NE: Zobel, Reinhard:

1983

Ursprünglich erschienen bei Friedr. Vieweg & Sohn Verlagsgesellschaft mbH, Braunschweig 1983

ISBN 978-3-528-07325-1

Vorwort

In diesem Band berichten wir über ein Projekt zur empirischen Untersuchung von Persönlichkeitsvariablen von Literaturproduzenten in der Bundesrepublik Deutschland. Die Datenerhebung und -auswertung wurde in den Jahren 1978 und 1979 von der Universität Bielefeld finanziert, wofür wir an dieser Stelle unseren Dank aussprechen möchten; das Projekt OZ 2342 trug den Titel "Literarische Produktionsvariablen".
Die Projektarbeit begann im Rahmen einer Tagung vom 10. - 13. Februar 1978 im Zentrum für Interdisziplinäre Forschung der Universität Bielefeld, an der insgesamt zwanzig Schriftsteller aus dem Bereich der sogenannten experimentellen Literatur teilnahmen. Die meisten der anwesenden Schriftsteller stellten sich dankenswerterweise für Tests und Befragungen zur Verfügung. Die Datenerhebungen bei den Vergleichsgruppen (nicht-experimentelle Literaturproduzenten und studentische Literaturproduzenten) fanden am 8. - 9.7.1978 (in Düsseldorf) sowie vom 10. - 11.7.1978 (in Bielefeld) statt. Bei der Vorbereitung der Düsseldorfer Datenerhebung leistete uns der Kulturdezernent der Stadt Düsseldorf, Herr Bernd Dieckmann, wichtige und dankenswerte Hilfe.

Allen Versuchspersonen sei an dieser Stelle noch einmal sehr herzlich gedankt für ihre Bereitschaft und Geduld, zum Teil stundenlange Tests aktiv durchzustehen.
Unser besonderer Dank gilt auch N. Groeben (Heidelberg), der uns freundlicherweise die Testbatterie zusammengestellt und eine ausführliche Kritik zur ersten Fassung des Projektberichts beigesteuert hat.

Im folgenden Bericht wird - wo nicht anders vermerkt - der Gesamtbereich der geleisteten Arbeit mit "Projekt" bezeichnet.

Beteiligt an diesem von R. Zobel und S. J. Schmidt geleiteten Projekt waren außerdem Dr. F. Popp und Dr. A. Krefting von der Universität Salzburg sowie G. Rusch von der Universität Bielefeld.
Der vorliegende Projektbericht ist von S. J. Schmidt, R. Zobel

und F. Popp (Kapitel 6) verfaßt und anhand einer detaillierten schriftlichen Kritik von R. Viehoff mit den Mitgliedern der Arbeitsgruppe NIKOL diskutiert worden.

Kornwestheim
R. Zobel

Siegen
S. J. Schmidt

Inhaltsverzeichnis

KAP. 1 ZUR EINORDNUNG UND AUFGABENSTELLUNG DES PROJEKTS

1.0 Vorbemerkungen

1.0.1 Das Projekt, über das hier berichtet wird, gehört zu den ersten vier empirischen Pilotstudien, die im Rahmen der Empirischen Theorie der LITERATUR geplant und durchgeführt worden sind.[1]
Für Anlage, Durchführung und Auswertung gelten dieselben Begründungen und Vorbehalte, wie wir sie anläßlich der Publikation der ersten beiden Projektberichte in einiger Ausführlichkeit dargelegt haben (cf. Kap. O in Hintzenberg et al., 1980). Nach wie vor sind wir der Ansicht, daß empirische Studien trotz ihres partiellen Charakters und ihrer begrenzten Reichweite notwendig sind, um möglichst genaue Aufschlüsse über bestimmte Bereiche des LITERATUR-Systems zu erhalten. Das gilt vor allem für den Bereich der Literarischen Produktion, der sehr viel weniger empirisch erforscht worden ist als etwa der Rezeptionsbereich.
Nachdrücklich möchten wir darauf hinweisen, daß wir die hier vorgelegten empirischen Studien zur Literarischen Produktion[2] als erste Schritte in eine notwendige Richtung einschätzen, die möglichst bald durch weitere Studien kontrolliert und ergänzt werden sollten. Denn die Methoden, die wir hier verwendet haben, sind nicht speziell für diesen Untersuchungsbereich entwickelt worden. Außerdem handelt es sich bei den meisten der von uns verwendeten Methoden um standardisierte reaktive Tests, die bekanntermaßen ihre Nachteile haben, vor allem dann, wenn Versuchspersonen Vorbehalte gegen ihre Verwendung bereits haben oder während des Versuchs entwickeln. Außerdem konnten wir bei diesem Projekt nur mit relativ kleinen Gruppen von Versuchspersonen arbeiten, da die Zahl der ausgewiesenen sogenannten experimentellen Schriftsteller im deutschsprachigen Raum nicht sehr groß ist, und da es außerordentlich schwierig ist, eine größere Zahl von ihnen zur gleichen Zeit und unter denselben Versuchsbedingungen zu testen.
Über die Gesichtspunkte der Testauswahl berichten wir in Kap. 2.1. Nachdrücklich möchten wir an dieser Stelle anmerken, daß

wir empirisches Arbeiten in der Literaturwissenschaft weder auf die Anwendung der hier benutzten Methoden(typen) reduzieren noch es damit identifizieren. Vermutlich könnten andere Methoden (wie Tiefeninterviews, Fallstudien oder Interaktionsanalysen) bei unserer Fragestellung über die von uns hier gewonnenen Ergebnisse hinausführen. Darum vertreten wir die Ansicht, daß möglichst unterschiedliche Methoden im selben Problembereich getestet werden sollten, um das empirische Forschungsarsenal einer Empirischen Literaturwissenschaft so reichhaltig wie möglich zu machen. Diesem Zweck dient aber u. E. *auch* die Prüfung, wie weit man mit standardisierten Tests kommt, um begründet über ihre weitere Verwendbarkeit bei der Erforschung des LITERATUR-Systems diskutieren zu können. (Für weitere methodologische Überlegungen cf. N. Groeben, 1981.)

1.0.2 Bei der Lektüre dieses Berichts sollten folgende Aspekte im Auge behalten werden, die bei der Durchführung des Projekts eine Rolle gespielt haben:

- es ging bei unserem Forschungsvorhaben *nicht* darum, einen Beitrag zur *Kreativitäts*forschung zu leisten;
- wir haben uns bewußt auf *individualpsychologische* Aspekte des Themas beschränkt und entsprechend - aus soziologischer Perspektive - Einseitigkeiten bei der Hypothesenformulierung in Kauf genommen;
- wir haben von vornherein damit gerechnet, daß auf dem empirisch selten bearbeiteten Gebiet der Literatur-Produktion[3] nicht auf Anhieb erfolgreiche Forschungen großer Reichweite zu erwarten sind, darum war uns der Weg zunächst wichtiger als das Resultat;
- schließlich standen wir bei der Darstellung der Projektergebnisse vor dem Problem, daß wir aus Gründen des Persönlichkeitsschutzes der Schriftsteller, die dankenswerterweise mitgearbeitet haben, eine ganze Reihe von Daten nicht glaubten veröffentlichen zu dürfen. Aussagen über die Durchschnittswerte einer Gruppe von Versuchspersonen aber sind in der Regel weniger aufschlußreich als etwa der Wertverlauf einer einzelnen Versuchsperson durch alle verwendeten Tests.

1.0.3 Den thematischen Ausgangspunkt unseres Projekts bilden drei Mengen von Annahmen:

(a) Annahmen über den Literarischen Produktionsprozeß, wie sie in der Empirischen Theorie der LITERATUR formuliert (bzw. daraus ableitbar) sind;

(b) Annahmen über spezielle Literatur-Produzenten, wie sie aus den Selbstdarstellungen experimenteller Schriftsteller und der Kenntnis ihrer Biographien ableitbar sind;

(c) Annahmen über sogenannte kreative Schriftsteller, die F. Barron in den 60er Jahren in den USA entwickelt hat (cf. Barron, 1967, 1968, 1969), und die wir im Hinblick auf sogenannte experimentelle Schriftsteller zumindest partiell für einschlägig halten.

Entsprechend verfolgt unser Projekt zwei allgemeine Ziele: Es soll zum einen versuchen, Annahmen der Empirischen Theorie der LITERATUR über spezielle Literatur-Produzenten zu formulieren und empirisch zu überprüfen; es soll zum anderen unsere Ergebnisse mit Barrons Resultaten der Untersuchung von sogenannten kreativen Schriftstellern in Beziehung setzen.[4]

1.0.4 Um die erste Aufgabe des Projekts im einzelnen entwickeln zu können, muß zunächst gezeigt werden, wie der Produktionsprozeß in der Empirischen Theorie der LITERATUR theoretisch konstruiert wird und welche Annahmen sich aus dieser Theorie über Persönlichkeitsmerkmale von Literatur-Produzenten aufstellen lassen.

1.1 Zur Einordnung des Projekts in die Theorie Literarischer Produktionshandlungen im Rahmen der Empirischen Theorie der LITERATUR

1.1.1 Die Empirische Theorie der LITERATUR geht von der allgemeinen Annahme aus, daß es sich bei der Literatur-Produktion um eine Form sozialen Handelns in gesellschaftlichen Kontexten handelt. Literarische Produktionshandlungen werden angesehen als besondere Weisen des gesellschaftlichen Arbeitszusammenhangs Produktion. Wie andere Produktionsweisen auch dienen sie als zweckmäßige Tätigkeiten zur Befriedigung mensch-

licher Bedürfnisse, die zugleich auch auf diejenigen orientiert sind, für die produziert wird. Kurz gesagt: Literarische Produktionshandlungen sind bedürfnisgeleitete Herbeiführungen oder Verhinderungen von Veränderungen im kognitiven Bereich von Literaturproduzenten und Literatur-Rezipienten oder von Veränderungen im sozialen Kontext mit Hilfe sprachlicher Kommunikationsmittel.
Literatur-Produzenten sind zur Produktion befähigt und motiviert aufgrund spezifischer Sozialisationsgeschichten, die sie auf eine aktive Teilnahme am LITERATUR-System vorbereiten (Literarische Sozialisation). Die Literatur-Produktion, so wird hier angenommen, befriedigt für die Produzenten relevante akkulturierte Bedürfnisse.
Der Literatur-Produzent handelt im Rahmen seines Voraussetzungssystems in einer Produktionssituation, in der er eine Produktionsstrategie entwickelt, die Intentionen und Situationsbedingungen zu koordinieren versucht. Von der Strategie sowie von den einschlägigen Vorgeschichten der Produktionshandlung hängt es ab, welche Medien der Produzent wählt, für welche Gattungen, Themen und Verfahren der Textorganisation er sich entscheidet bzw. welche er produzierend realisiert. Nach Abschluß der Literarischen Produktionshandlung bewertet der Produzent das Handlungsresultat gemäß den von ihm vertretenen ästhetischen Normen und präsentiert es anderen Aktanten im LITERATUR-System *als* "literarisches Objekt".
Aktanten, die als Literatur-Produzenten handeln, agieren dabei in einer im LITERATUR-System institutionalisierten Rolle. Die Analyse und Bewertung von Literarischen Produktionshandlungen muß daher sowohl den Bezug der individuellen Produktionshandlung zur jeweiligen Produktionsinstitution als auch den Bezug dieser Institution zu den anderen im LITERATUR-System institutionalisierten Handlungsrollen des Vermittlers, Rezipienten und Verarbeiters berücksichtigen (cf. Schmidt, 1982, Kap. 1 und 2).

Diese grobe Skizze soll im folgenden etwas näher erläutert werden.

1.1.2 Im Theorieelement 1 der Empirischen Theorie der LITERATUR (Theorie der Handlung) werden handelnde Individuen (= Aktanten) durch vier grundlegende Begriffe charakterisiert: Ein Aktant muß zu einer Handlung *befähigt* sein; die Handlung muß ein *Bedürfnis* des Aktanten befriedigen; der Aktant muß zu einer Handlung *motiviert* sein; und der Aktant muß eine Handlung als Ereignisabfolge *intendieren*. Auf die Erläuterungen zu diesen Begriffen können wir hier nicht eingehen; hinweisen möchten wir nur auf solche Aspekte, die sich aus der Spezifikation dieser Begriffe für Literarische Produktionshandlungen ergeben:

(a) Die Tatsache, daß nicht alle Mitglieder einer Gesellschaft, die sprachliche Texte produzieren können, auch solche Texte produzieren können, die als Literarische Kommunikate akzeptiert, bewertet und behandelt werden, verweist darauf, daß offenbar nicht alle Produzenten sprachlicher Kommunikate auch die *Fähigkeit* zur Produktion Literarischer Kommunikate haben, zu haben glauben oder zu haben glauben gelehrt werden.
Die Fähigkeit, Literarische Kommunikate zu produzieren, gilt nach unserer Kenntnis von Gesellschaften mit schriftlich fixierter Literatur als besondere "Begabung", die nur wenige besitzen. Diese Begabung oder Fähigkeit ist sowohl individuell als auch sozial bedingt in dem Sinne, daß sie im Laufe der Sozialisationsgeschichte eines Individuums entwickelt wird, falls das Individuum dazu die intellektuellen und emotionalen Voraussetzungen mitbringt und falls das Individuum sozial wie ökonomisch in die Lage versetzt wird, diese Fähigkeit produktiv einzusetzen.

(b) Die Produktion Literarischer Kommunikate muß *Bedürfnisse* im Individuum befriedigen, die im Verlauf seiner Sozialisationsgeschichte als kulturelle Bedürfnisse erworben, also nicht angeboren sind und die sich in bestimmten Situationen als zu befriedigende Bedürfnisse "melden" (cf. dazu die Darstellung in Schmidt, 1980, Kap. 2.4.1).
Dabei wird man für den Bereich der Literarischen Produktionshandlungen zwei Bedürfnisaspekte berücksichtigen müssen, die sich u. U. widersprechen können: das Bedürfnis

nach Selbstverwirklichung und das Bedürfnis nach Anerkennung.
Das Bedürfnis nach Selbstverwirklichung kann mit soziologischen und psychologischen Konzepten von Identitätstheorien genauer bestimmt werden (s. u. den Exkurs zum Identitätskonzept). Solche Bestimmungen verweisen zunehmend auf den prozessualen Aspekt sowie auf das diffizile Zusammenwirken von externen Verstärkungen (im lerntheoretischen Sinne) und Selbstverstärkung entsprechend eigenen Standards.

Wer als Literatur-Produzent anerkannt werden will, sei es materiell oder ideell, sei es von der Gesellschaft insgesamt oder von bestimmten für wichtig erachteten gesellschaftlichen Gruppen (wie z. B. Literaturkritikern), muß daher - strukturell gesehen - einen erfolgreichen Ausgleich zwischen eigenen Standards und den Standards seiner gewünschten Bezugsgruppen herbeiführen. Eben hier aber liegt bekanntermaßen das Problem: Das zum Stereotyp gewordene Bild des zu Lebzeiten hungernden Literaten mit spätem Nachruhm verweist darauf, daß interne Selbststandards (z. B. genuine ästhetische Standards) und externe Anerkennung bei Literatur-Produzenten oft divergieren. Je nach Persönlichkeit entwickeln Literatur-Produzenten unterschiedliche Strategien, um solche sozial frustrierenden Divergenzen zu bewältigen; so kann etwa die Einstellung zu ökonomischen Werten der Einstellung zu ästhetischen Werten bewußt weitgehend untergeordnet werden (Motto: "Geld spielt für mich keine Rolle!"); so kann die Zustimmung von Einzelpersönlichkeiten als Gegengewicht gegen die Ablehnung durch fast alle anderen interpretiert werden (Entwicklung eines Elite-Bewußtseins); so kann versucht werden, die eigenen ästhetischen Standards durch theoretische Erläuterungen langfristig durchzusetzen, d. h. das literaturöffentliche Normsystem im eigenen Sinne zu verändern; so kann versucht werden, Gruppen zu bilden oder Schulen zu gründen (Entwicklung eines elitären Gruppenbewußtseins), um auch in langanhaltenden oder sehr intensiven äußeren Ablehnungsphasen das Selbstverwirklichungsbedürfnis ebenso wie das Anerkennungsbedürfnis befriedigen zu können. Das heißt: Auch wenn bei Literarischer Produktion nach oppositionellen ästhetischen Normen die Selbstverwirklichung die Oberhand behält, entwickeln Literatur-Produzenten Strategien, um ihr Anerkennungsbedürfnis zu befriedigen, wobei solche Strategien oft langfristig angelegt sind und bewußt Widerstandsfähigkeit gegen soziale Frustration zu wecken versuchen.

(c) Die *Motivation* dafür, Literarische Kommunikate zu produzieren, kann nur im Verlauf von Sozialisationsgeschichten entstehen, da Literaturproduktion offenbar nicht zu den angeborenen Elementarbedürfnissen des Menschen gehört. Unter 'Motivation' verstehen wir jene Systemzustände bzw. Vorgänge im psychischen Bereich eines Aktanten, durch die eine Handlung in Gang gebracht und durchgeführt wird.

(d) Wenn ein Aktant es unternimmt, ein Literarisches Kommunikat zu produzieren, dann geschieht dies in der Regel in bewußter Absicht; d. h. ein Aktant *intendiert*, ein "literarisches Objekt" zu produzieren. Diese allgemeine Behauptung muß kurz erläutert werden: Nach den poetologischen Annahmen in Schmidt, 1980: Kap. 3 sind Literarische Kommunikate solche sprachlichen Kommunikate, denen aufgrund bestimmter Merkmale, die Rezipienten sprachlichen Texten zuordnen, das Prädikat "ist literarisch" zugewiesen wird, da solche Merkmale im Rahmen der von den Rezipienten akzeptierten ästhetischen Normen "literarizitätsstiftend" sind. Solche Prädikationsakte vollziehen sich im Rahmen des gesellschaftlichen Handlungssystems LITERATUR. In diesem Handlungssystem gelten spezielle handlungssteuernde Konventionen (cf. Schmidt, 1980: Kap. 4), die Aktanten im LITERATUR-System in den Stand setzen, sprachliche Texte nicht primär nach ihrer referentiellen Wahrheit und ihrer handlungspraktischen Relevanz in pragmatischen Situationen zu beurteilen, sondern primär nach der Vielfalt und Optimalität von Rezeptionsresultaten, die die Beschäftigung mit solchen Texten beim Rezipienten hervorruft.

Diese Annahmen besagen für die Literaturproduktion, daß ein Aktant strenggenommen zweierlei tut, wenn er intentional ein "literarisches Objekt" produzieren möchte:

- er beabsichtigt, einen Text zu erstellen, den andere *als*

Literarisches Kommunikat bewerten und behandeln;
- er hält den von ihm produzierten Text selbst *für* ein Literarisches Kommunikat und präsentiert ihn dementsprechend den geeigneten Institutionen oder Personen im LITERATUR-System (wie Kritikern, Verlegern, anderen Schriftstellern usw.) *als* Literarisches Kommunikat.

1.1.2.1 Exkurs: Anmerkungen zum Identitätskonzept

In der neueren Diskussion über Konzepte wie 'Persönlichkeit' und 'Identität' wird zunehmend darauf verwiesen, daß diese Konzepte *prozessual* interpretiert werden sollten.
Nach L. Krappmann ([4]1975), an dessen interaktionistischem Modell von 'Identität' wir uns hier orientieren, bezeichnet 'Identität' eine Leistung, die das Individuum für die soziale Interaktion erbringt. Diese Leistung besteht in dem immer wieder neu zu leistenden Balanceakt zwischen gesellschaftlichen Erwartungen, Rollen und Normen, die dem Individuum zugemutet werden, und dessen eigenen Erwartungen, Bedürfnissen und seinem Verlangen, sich anderen gegenüber als Selbst darzustellen und von ihnen akzeptiert zu werden. Das Dilemma, was immer wieder ausbalanciert werden muß, besteht also darin: Einerseits setzt gemeinsames Handeln und Kommunizieren voraus, daß die Handlungs- und Kommunikationspartner sich aufeinander einstellen, sich aneinander angleichen, Rollen übernehmen und sich zu Anforderungen von Institutionen verhalten; andererseits muß jeder den anderen verdeutlichen, "wer er ist", wie seine Besonderheiten aussehen und was er will.
Die Aufrechterhaltung von Identität ist auf Interaktion und Kommunikation mit anderen Individuen angewiesen. Sie muß von anderen freiwillig anerkannt und damit auf Dauer legitimiert werden. Wichtig ist dabei, daß diese Anerkennung schichtspezifisch ist, also den Erwartungen des Individuums an die Relevanz dieser Anerkennung entspricht.
Der o. g. Balancierungsakt bezieht sich auch auf den Ausgleich derjenigen Erwartungen der Interaktionspartner an das Individuum, die als soziale und persönliche Identität bezeichnet werden: "Der Begriff der sozialen Identität bezieht sich auf die Normen, denen das Individuum im gegenwärtigen Interaktionspro-

zeß gegenübersteht, der Begriff der persönlichen Identität dagegen auf die dem Individuum zugeschriebene Einzigartigkeit." (a.a.O.:208)
Nur wenn es dem Individuum gelingt, erfolgreich Ich-Identität aufzubauen, kann es auch erfolgreich in sozialen Rollen handeln; denn es muß diese Rollen so interpretieren und z. T. widerstrebende Rollenbeteiligungen so nebeneinander aushalten können, daß es Rollendistanz bewahrt und seine Identität erhält. Andernfalls drohen negative bis pathologische Entwicklungen: Entweder das Individuum scheitert bei der Bemühung um den Aufbau einer positiven Identität und flieht vor überstarken Rollenanforderungen in sogenannte negative Identität, um drohende Identitätsdiffusion zu vermeiden. Oder das Individuum scheitert völlig in der Identitätsbalancierung und verfällt in Krankheitszustände (sogenannte Psychosen und Neurosen), die bis zum Selbstmord führen können.
G. McCall und J. L. Simmons (1974) haben bei ihrer Darstellung des Identitätskonzepts betont, daß Individuen in Fällen mangelnder Rollen-Unterstützung durch andere, also bei auftretenden Legitimationslücken, ganz unterschiedliche Legitimationsmechanismen anwenden: so z. B. selektive Wahrnehmung, selektive Interpretation, Rationalisierung, sogenannte Sündenbockstrategie, Ablehnung der Partner u. a. m. Die Autoren betonen, daß der Prozeß der sozialen Wahrnehmung gut genug funktioniert, um Unterstützung für Rollen-Identitäten zu gewinnen, da diese Wahrnehmung hochgradig selbstzentriert und damit konstruktiv ist: "In diesem Sinne kann man sagen, daß wir nicht mit Individuen, sondern mit *unseren Vorstellungen* von ihnen interagieren." (a. a.O.:122f.)
Gewinnung und Legitimation von Identität sind subjektabhängige Prozesse, die vom Individuum durch subjektzentrierte Bedeutungskonstruktion, Relevanzabschätzung, Modellierung der Interaktionspartner und Konstruktion sogenannter sozialer Objekte gesteuert werden.

1.1.3 Weitere Spezifikationen des Aktanten in der Theorie der Handlung im Rahmen der Empirischen Theorie der LITERATUR betreffen die Voraussetzungen und die Durchführungsmodali-

zwischen B I und D doch einen deutlichen (auf dem 0,1 %-Niveau hochsignifikanten) Hinweis auf höhere Intelligenzleistungen bei experimentellen Literatur-Produzenten[1]; aufgrund ihrer besonderen I-S-Profile läßt sich weiterhin sagen, daß sie offensichtlich eine starke <<sprachlich-theoretische Veranlagung>> bzw. <<Begabung>> aufweisen, und daß sie besondere Stärken in den Bereichen <<anschaulich-ganzheitliches Denken>> und <<gestaltend-konstruktive Fähigkeiten>> erkennen lassen.
Vergleicht man diese Ergebnisse mit F. Barrons Resultaten, gewonnen an <<besonders kreativen Schriftstellern>> (Kap. 1.3.1 und 1.3.2), so läßt sich seine Beobachtung exzeptioneller Intelligenz bei seinen Versuchspersonen in bezug auf unsere Versuchspersonen zumindest in der Tendenz bestätigen. Weiterhin findet sich eine Parallele zu seiner Beobachtung, daß <<kreative Schriftsteller>> ein besonderes Interesse an intellektuellen und kognitiven Fragen zeigen ("... genuinly values intellectual and cognitive matters", 1967:70).

(2) Einschlägig für eine empirische Interpretation von *A1b* erweisen sich Ergebnisse des *Thematischen Apperzeptionstests (TAT)*.
Wie F. Popp in Kapitel 6 ausführt, "... läßt sich bei der Gruppe der experimentellen Literaten ein Maß an Überzeugung der eigenen Rationalität und Wissenschaftlichkeit festhalten, das in erster Linie der grundsätzlichen Ablehnung traditionsgeleiteter Ausdrucksformen entspricht". Popp spricht bei der Charakterisierung dieser Vpn-Gruppe weiter von einem "... außergewöhnlichen und in jedem Fall entscheidend emotionell bestimmten Festhalten an der Überzeugung, hier bestimme der Intellekt die als künstlerisch definierten Aktivitäten".[2]
Die Tendenz der Ergebnisse, die sich auf *A1a* und *A1b* beziehen lassen, deutet u. E. in folgende Richtung:

- Bei den Intelligenztestwerten in der Gruppe B I lassen sich zum Teil erhebliche Streuungen feststellen. Gleichwohl liegt die Gruppe insgesamt doch deutlich über dem Durchschnittswert der Gruppe der nicht-experimentellen

täten von Handlungen. Die wichtigsten Aspekte dieser Spezifikationen sollen im folgenden kurz zusammengestellt werden:

(a) Jeder Aktant handelt notwendig im Rahmen seines *Voraussetzungssystems*. 'Voraussetzungssystem' bezeichnet für Produzenten Literarischer Kommunikate (wie für alle anderen Aktanten) das System der im Laufe seiner Sozialisationsgeschichte entstandenen individuellen und sozialen, "äußeren" und "inneren" Handlungsbedingungen. Die "inneren" Bedingungen (wie Bedürfnisse, Fähigkeiten usw.) sind oben bereits erwähnt worden; die "äußeren" Bedingungen werden in der Empirischen Theorie der LITERATUR wie folgt ausdifferenziert:

- <u>ökonomische Bedingungen</u>
  - (α) allgemeine wirtschaftliche Bedingungen (wie z. B. vorkapitalistische, kapitalistische, sozialistische Wirtschaftsordnungen)
  - (β) private ökonomische Lage: Produktion von Literarischen Kommunikaten im Haupt- oder Nebenberuf; persönlicher Besitz und Einstellung zu finanzieller Honorierung "literarischer Leistungen"; finanzielle Förderung durch private Mäzene, Staatsstipendien, Freundeskreise usw.
  - (γ) Marktsituation für Literarische Produkte (Stichwort: Erfolgsautor vs Esoteriker)
  - (δ) Verfügen über Medien für Literarische Produktion,

  usw.
- <u>soziale Bedingungen</u>
  - (α) beeinflussende spezielle Sozialisationsinstitutionen wie Familie, Schule, Universität, Literarische Gruppe und Zirkel, Hofgesellschaften usw. und deren Zustand zum Produktionszeitpunkt
  - (β) Interpretation der institutionalisierten Rolle des Produzenten durch die Aktanten im LITERATUR-System (als Handwerker usw.) im Vergleich zu den anderen Handlungsrollen im LITERATUR-System,

  usw.
- <u>politische Bedingungen</u>
  - (α) herrschende Machtstrukturen (Parteien, Monarchen, oligarchische Gruppen usw.)

(β) Einstellung zur "Klassensituation" zur Produktionszeit,

usw.

- kulturelle Bedingungen
  (α) die Kenntnis der Literatur-Produzenten von historischen Kommunikaten zum Produktionszeitpunkt (Bestand an Themen, stilistischen Formen, Verfahren der Textorganisation, Gattungen usw.)
  (β) gesellschaftlich akzeptierte bzw. diskutierte ästhetische, moralische, religiöse usw. Theorien und Ideologien
  (γ) gesellschaftlich akzeptierte bzw. diskutierte poetologische Normen und Werte für Literarische Kommunikate
  (δ) verfügbare Medien (Buch, Film, Funk, Fernsehen usw.),

  usw.

Bei empirischen Untersuchungen des Voraussetzungssystems bestimmter Autoren kommt es darauf an, autorenspezifische Konstellationen und hierarchische Ordnungen der Elemente des Voraussetzungssystems zu ermitteln. Dabei wird man vielleicht ausgehen können von einigen generellen Annahmen über die Struktur solcher Systeme in Literarischer Kommunikation, wie z. B.:

- Die Geschichte unseres LITERATUR-Systems zeigt, daß für Literatur-Produzenten die im wirtschaftlichen Bereich gültige Überordnung ökonomischer Interessen über alle anderen oft nicht gilt. Im Extremfall kann ein Produzent im LITERATUR-System sogar angeborene Bedürfnisse (wie Nahrungsaufnahme, Fortpflanzung u. ä.) kulturellen Bedürfnissen unterordnen (er hungert, um unabhängig schreiben zu können usw.);
- Die Geschichte unseres LITERATUR-Systems zeigt, daß solche Literatur-Produzenten, die im LITERATUR-System kanonisiert worden sind, in der Regel kulturelle Bedingungen als für sie besonders wichtig eingeschätzt haben.

(b) In einer Handlungssituation wird diejenige Teilmenge der Menge von Elementen des Voraussetzungssystems zu Handlungsrealisierung aktiviert, die für die Planung und Durchfüh-

rung einer Handlung tatsächlich erforderlich ist (also z. B. derjenige Ausschnitt aus der sprachlichen Kompetenz, den ein Literatur-Produzent braucht, um eine bestimmte Gedichtform zu realisieren).
Die zur Planung und Durchführung einer Literarischen Produktionshandlung eingesetzte Teilmenge dieser Voraussetzungen wird hier als *Literatur-Produktionsstrategie* eines Literatur-Produzenten bezeichnet. Die Literatur-Produktionsstrategie erfüllt die Aufgabe, zwischen der Intention des Literatur-Produzenten, der Produktionssituation und der unterstellten Rezeptionsfähigkeit und Verarbeitungskapazität gewünschter Rezipienten und Verarbeiter zu koordinieren, wobei noch Vorgeschichten und Anschlußhandlungen mit in die Koordinationsaufgabe einbezogen werden müssen. Die Strategie richtet sich sowohl auf den propositionalen als auch auf den illokutiven und perlokutiven Teil einer Sprech- bzw. Schreibhandlung; d. h. sie steuert die Selektions- und Kombinationsakte, die die Wahl des Ausdrucksmediums, der Gattung, des Themas, des Stils, der Sprachelemente usw. bestimmen, und richtet sich möglichst an antizipierten Handlungsresultaten und Konsequenzen aus.

(c) Die Durchführung dieser komplexen Strategie führt dann zur Realisierung einer Literarischen Produktionshandlung, wenn ein sprachlicher Text erstellt wird, den der Literatur-Produzent *für* Literarisch hält und anderen *als* Literarisch präsentiert.

1.1.4 Wie diese schematische Darstellung des Literarischen Produktionsprozesses erkennen läßt, kann eine Theorie Literarischer Produktionshandlungen zunächst nur ein theoretisches Modell bereitstellen, das die allgemeine Struktur von Produktionshandlungen erfaßt und angibt, unter welchen Bedingungen solche Handlungen als Produktionshandlungen im LITERATUR-System anzusehen sind. Die Struktur des Modells ermöglicht somit eine Entscheidung darüber, welche "Objekte" in seinen Anwendungsbereich fallen und welche Strukturen in diesem Anwendungsbereich als Untersuchungsgrößen abzuheben sind. Genauere Einsichten in Literarischen Produktionshandlungen können nur durch empirische Detailforschungen gewonnen werden, die allein Aufschluß geben können z. B. über autoren(gruppen)spezifische Konstellationen von Elementen des Voraussetzungssystems und ihrer hierarchischen Ordnung (also etwa bei der Gruppe der sogenannten experimentellen Literatur-Produzenten). Nur so wird es auch möglich sein, die ökonomischen, sozialen, politischen und kulturellen Bedingungen näher zu spezifizieren und ihre Relation zur Bedürfnisorientierung, Motivationslage, Befähigung und Intentionsspezifikation individueller Autoren oder Autorengruppen empirisch näher zu bestimmen. So kann z. B. im Rahmen der Theorie Literarischer Produktionshandlungen in der Empirischen Theorie der LITERATUR zwar generell postuliert werden, zum Voraussetzungssystem eines Literatur-Produzenten in einer bestimmten Situation gehören unter anderem:

- die von ihm unterstellte Erwartung der Gesellschaft bzw. bestimmter Zielgruppen an Aufgaben und Leistungen eines Literatur-Produzenten (= Literarische Erwartungserwartung);
- seine Einschätzung der eigenen Fähigkeiten und Leistungen in bezug auf Literarische Erwartungserwartungen;
- seine Einschätzung der ihm bekannten Literarischen Kommunikate und die Einstellung zu seiner Stellung im LITERATUR-System.

Aber nur empirische Untersuchungen können zeigen, a) ob solche Kategorisierungen ausreichen, um das Voraussetzungssystem Literarischer Produzenten tatsächlich genügend zu strukturieren, und b) ob Korrelate solcher Kategorien im Voraussetzungssystem von Autoren empirisch bestätigt werden können.

In diesem theoretischen Zusammenhang steht das Projekt, über das hier berichtet wird: Es versucht, an einigen Stellen im LITERATUR-System Aufschlüsse zu gewinnen über die empirischen Beziehungen zwischen solchen Einflußgrößen, die im Modell des Voraussetzungssystems formuliert werden.

1.1.5 Im folgenden Abschnitt fassen wir diejenigen Aspekte der Theorie Literarischer Produktionshandlungen noch einmal zusammen, die bei der Entwicklung der Fragestellungen unseres Projekts eine Rolle spielen sollen.

(1) Entsprechend den handlungstheoretischen Voraussetzungen einer Theorie Literarischer Produktionshandlungen sind alle

Aktanten, also auch Produzenten Literarischer Kommunikate, durch Bedürfnisse, Fähigkeiten, Motivationen und Intentionen bestimmt. Zu den allgemeinen Forschungsaufgaben der Empirischen Theorie der LITERATUR gehört daher die Aufgabe, das Zusammenwirken dieser Faktoren in Produktionsprozessen empirisch zu ermitteln.

(2) Beobachtungen schriftlicher LITERATUR-Systeme zeigen, daß in der Regel nur wenige Mitglieder einer Gesellschaft als zur Literaturproduktion befähigt angesehen werden; d. h. Literarisches Produktionsvermögen gilt als eine besondere Fähigkeit.

(3) Wir gehen aus von der Annahme, daß das Bedürfnis nach Literatur-Produktion vom Individuum in seiner Sozialisationsgeschichte erworben wird, also kulturspezifisch und nicht angeboren ist.

(4) Ebenso wie das Bedürfnis nach Literatur-Produktion halten wir auch die Motivation zur Literatur-Produktion für akkulturiert und nicht für angeboren.

(5) Beobachtungen in unserem LITERATUR-System zeigen, daß Literatur-Produzenten intendieren, daß andere Teilnehmer an Literarischer Kommunikation den Text, den sie selbst für ein Literarisches Kommunikat halten bzw. zumindest *als* Literarisches Kommunikat präsentieren, ebenfalls als Literarisches Kommunikat einschätzen und bewerten.

(6) Hinsichtlich der Funktion von Literarischer Produktion für Literatur-Produzenten vertreten wir die Ansicht, daß ein Literatur-Produzent die von ihm produzierten Texte, die er als Literarische Kommunikate einschätzt, den entsprechenden Instanzen im LITERATUR-System zunächst einmal und grundsätzlich deshalb als Literarische Kommunikate präsentiert, um als Literatur-Produzent ("Dichter", "Schriftsteller" usw.) akzeptiert zu werden, soziale Zustimmung zu erhalten und damit *auch* im Bereich Literaturproduktion (s)eine soziale wie individuelle Identität aufbauen und stabilisieren zu können.

1.1.5.1 Gegen diese allgemeinen Annahmen über die Korrelation von Literarischer Produktivität, sozialem Anerkennungsbedürfnis und individuellen Strategien des Frustrationsabbaus werden vielleicht Einwände vorgebracht werden, die für Produzenten ganz andere, sozusagen "edlere" Bedürfnisse unterstellen; so etwa das Bedürfnis nach "Ausdruck", "Schönheit", "Besserung der Menschheit", "Entlastung", "Sublimierung von Leiden", "Simulationshandeln", "Entwurf alternativer Welten", Entwurf eines "Sinnganzen" usw.

Nun soll nicht bestritten werden, daß im Verlauf von Sozialisationsgeschichten und im Rahmen gesellschaftlich jeweils akzeptierter ästhetischer Werte und Normen kulturspezifische Bedürfnisse von Literatur-Produzenten solchermaßen beschriebene Ausprägungen angenommen haben und annehmen können. Es soll auch keineswegs bestritten werden, daß solche Bedürfnisbestimmungen als Orientierungen für Motivationen und Intentionen von Produzenten im Rahmen des LITERATUR-Systems vorgebracht worden sind und werden. Aber solche Bedürfnisbestimmungen sind zum einen gebunden an die jeweils geltenden Leitwerte bestimmter historischer Poetiken und zum anderen nicht für *Literatur*produktion allgemein anzusetzen. Außerdem kann zumindest ein Teil davon auch durch Handlungen in anderen gesellschaftlichen Handlungssystemen befriedigt werden. Diesen Einwand kann man natürlich in noch stärkerem Maße gegen die oben formulierte allgemeine Annahme zur Funktion von Literarischer Produktion erheben. Das ist zwar richtig; nur darf dabei der "Witz" dieser allgemeinen Annahme nicht übersehen werden: Er liegt eben darin, daß für Literarische Produktionshandlungen gerade *keine* spezifischen Bedürfnisse und Funktionserwartungen postuliert werden, daß vielmehr behauptet wird, daß Produktionshandlungen im LITERATUR-System wie Handlungen in anderen Handlungssystemen auch zunächst und grundsätzlich dem Aufbau und der Sicherung der individuellen wie sozialen Identität des Individuums dienen, das bei Handlungen im LITERATUR-System die gleichen Mechanismen der Identitätskonstruktion und ihrer Legitimation bzw. Korrektur in Krisenfällen anwendet wie bei Handlungen in anderen gesellschaftlichen Systemen (cf. oben Kap. 1.1.2, b). Davon unberührt bleibt, wie dieses Bedürfnis sich unter den jeweiligen Handlungsbedingungen eines Individuums in bestimmten historischen Situationen *artikuliert*, zu welchen Motivationen und In-

tentionen es führt, und wie diese Zusammenhänge von den Individuen selbst erkannt und *formuliert* bzw. von Außenstehenden *beschrieben* bzw. *behauptet* werden.
Sowohl bei Selbstdarstellungen von Autoren als auch bei Beobachteraussagen von Literaturwissenschaftlern und Literaturkritikern wird man aber darauf achten müssen,

- daß nach den poetologischen Annahmen der Empirischen Theorie der LITERATUR das gesellschaftliche Handlungssystem LITERATUR stark emotional besetzt ist;
- daß seit der Entstehung des bürgerlichen LITERATUR-Systems Literatur-Produzenten z. T. in einem emphatischen Sinne behandelt und bewertet worden sind, wobei Privilegierungs- und Herrschaftsinteressen aller am LITERATUR-System Beteiligten eine wichtige Rolle gespielt haben dürften[6];
- daß mit Kants Konzept vom "interessenlosen Wohlgefallen" eine griffige Formel vorlag, mit der man - meist abgekoppelt von Kants komplizierter spekulativer Herleitung des Konzepts - eigene Handlungsweisen und die wichtiger Protagonisten im LITERATUR-System so nobel bestimmen konnte, daß Aspekte wie Bedürfnis und Bedürfnisbefriedigung als "krude" bzw. als unangemessen ausgeklammert werden konnten (cf. C. Borgeest, 1977);
- daß endgültig mit der These von der "Autonomie der Literatur" und der korrespondierenden werkimmanenten Literaturwissenschaft ein Wertefeld aufgebaut und in den gesellschaftlichen Institutionen ansozialisiert worden war, das Literaturproduktion in den Bereich des Irrationalen, empirischer Forschung jedenfalls weithin Entzogenen rückte.

1.1.5.2 Unterstellt man einmal die Geltung der oben referierten allgemeinen Annahmen über Literarische Produktion, so lassen sich spezifische Fragen der Empirischen Theorie der LITERATUR zu diesem Bereich des LITERATUR-Systems formulieren, an deren empirischer Beantwortung in Zukunft gearbeitet werden muß.

(1) Literarische Produktion, so war angenommen worden, setzt eine besondere *Fähigkeit* voraus. Welcher Art ist diese Fähigkeit? Läßt sie sich in Komponenten zerlegen und kön-

nen diese diversifiziert werden, etwa nach besonderen Merkmalen von Literatur-Produzenten? Welche Bedingungen für die Entwicklung solcher Fähigkeitskomponenten können ermittelt werden? Kommt man bei der Beantwortung dieser Fragen weiter, wenn man möglichst stark unterschiedliche Produzenten(gruppen) auf diese Fähigkeit(en) hin untersucht?

(2) Die *Motivation* zur Literarischen Produktion, so hatten wir vermutet, entsteht in der Sozialisationsgeschichte, wahrscheinlich in dem speziellen Bereich der Literarischen Sozialisation, der zur aktiven Teilnahme am LITERATUR-System vorbereitet. Wie läßt sich diese Motivation erklären? Bekommt man Aufschlüsse darüber, wenn man Motivationen zu speziellen Literarischen Produktionen untersucht, also z. B. zu sogenannten experimentellen Produktionen? Und wie kann das Verhältnis zwischen Motivation und motivationswidrigen Faktoren wie Ablehnung, Mißachtung, wirtschaftliche Notlagen usw. näher bestimmt werden?

(3) Literarische Produktion soll, so war gesagt worden, das *Bedürfnis* nach Anerkennung befriedigen, also zu schichtspezifischer Anerkennung von Rollen-Identität führen. Wie verhalten sich Literatur-Produzenten bei Identitätskonflikten, wie sie etwa in Kap. 1.1.2, b, als Divergenzen zwischen externer Anerkennung und internen Selbststandards beschrieben worden sind? Welche identitätsstiftenden Legitimationsmechanismen versuchen sie anzuwenden? Ist es sinnvoll, auch hier möglichst divergente Literatur-Produzenten(gruppen) zu untersuchen?

Überlegungen zur Beantwortung einiger dieser Fragen tendieren in folgende Richtung: Es scheint in der Tat erfolgversprechend zu sein, stark divergierende Literatur-Produzenten als Versuchspersonen zu wählen. Weiterhin scheint es günstig zu sein, Literatur-Produzenten zu wählen, die sich aufgrund vergleichbarer Interessen und Produkte als Mitglieder einer Tendenz, Richtung oder gar Schule fühlen und sie zu kontrastieren mit solchen Literatur-Produzenten, die lediglich aus soziologischen Gründen zu einer Gruppe zusammengezogen werden können (etwa in ihrer Eigenschaft als Studenten) oder die zu keiner Gruppe gerechnet werden können.

Entsprechend solchen Überlegungen, im Hinblick auf den Vergleich unserer Ergebnisse mit Barrons Resultaten sowie angesichts unserer forschungspraktischen Möglichkeiten haben wir für die Projektdurchführung drei Gruppen von Versuchspersonen ausgewählt:

(a) Eine Gruppe von Produzenten, die sich selbst als "experimentelle Literatur-Produzenten" verstehen, auch von anderen so bezeichnet und eingeschätzt werden und sich untereinander alle kennen. (Viele von ihnen gehören zum Umkreis der Konkreten Dichtung.)

(b) Eine Gruppe von Studenten, die sich selbst als Literatur-Produzenten empfinden und bezeichnen, aber außer ihrer sozialen Stellung als Studenten keinen persönlichen oder literarischen Gruppenbezug haben.

(c) Eine Gruppe von Literatur-Produzenten, die aufgrund ihrer bislang veröffentlichten Produkte eindeutig nicht zur Gruppe der sogenannten experimentellen Literatur-Produzenten gehören, sondern sich auf ganz unterschiedliche Stilrichtungen und Genres verteilen.

1.1.5.3 Bevor die Fragestellungen des Projekts im Rahmen der Empirischen Theorie der LITERATUR endgültig formuliert werden können, muß zunächst noch geklärt werden, welchen Sinn die Bezeichnung "experimenteller Literatur-Produzent" in den folgenden Überlegungen haben soll und wie die Spezifika "experimenteller Literarischer Produktion" näher bestimmt werden können. Dazu stützen wir uns auf Selbstkennzeichnungen "experimenteller" Literatur-Produzenten und versuchen, aus ihnen Spezifika zu ermitteln, die verglichen werden mit kunsttheoretischen Charakterisierungen von Experimenten im Kunstbereich allgemein. Wir beginnen mit Überlegungen zum kunsttheoretischen Bereich (und stützen uns dabei unter anderem auf die Beiträge in Schmidt, Hrsg., 1978 sowie auf Schmidt, 1982a).

1.2 Zur Bestimmung des Konzepts 'experimenteller Literatur-Produzent'

1.2.1 Wenn einem Künstler das Merkmal 'experimentell' zugesprochen wird, dann hat er im allgemeinen eine bestimmte *Einstellung* zum gesellschaftlichen Handlungssystem KUNST gewonnen, die sich unter anderem durch die Annahmen auszeichnet,

- daß es keinen normativen oder konsensuell eindeutigen Kanon von "Kunstinhalten", "Formen", "Stilistika" usw. gibt;
- daß die Funktionsmöglichkeiten von "Kunst" nicht ein für allemal verbindlich festgelegt sind;
- daß Erwartungen an die Handlungen der Aktanten im KUNST-System sowie deren Resultate veränderbar sind;
- daß der Freiheitsraum, den Aktanten im KUNST-System gegenüber ihren Handlungsmöglichkeiten in anderen sozialen Handlungssystemen haben, *auch* auf die Ausgestaltung neuer subjektiver Handlungsmöglichkeiten anwendbar sein muß;
- daß "Kunst" auf Veränderung des jeweiligen Status quo angewiesen ist, um flexibel zu bleiben, und daß solche Veränderungen in bezug auf die jeweils geltenden Erwartungen innovativ sein müssen.

Die Möglichkeit, eine solche Einstellung aufzubauen, hängt sowohl vom Stand der jeweiligen politischen und sozialen gesellschaftlichen Entwicklung und der Sozialisation des Produzenten ab als auch vom Zustand des KUNST-Systems zum Produktionszeitpunkt.[7]

Konsequenzen einer solchen Einstellung lassen sich je nach Gattung und historischer Situation als Grenzüberschreitungen beschreiben mit Hilfe von Kategorien wie:

- inhaltliche und formale Strukturdurchbrechung, also Innovation bezogen auf den Stand gesellschaftlicher Erwartungen an Produktionshandlungen und deren Resultate;
- Gattungsmischung, Gattungsintegration;
- Umdeutung der Handlungsrollen im KUNST-System;
- Umdeutung der Funktion künstlerischer Handlungen;
- Übertragung von Verfahren und Verhaltensweisen aus anderen gesellschaftlichen Handlungssystemen in das KUNST-System und umgekehrt, usw.

Die jeweiligen Handlungen, die man mit Hilfe solcher allgemeiner Kriterien als experimentelle Produktionshandlungen bezeichnet, können dann nach verschiedenen Gesichtspunkten genauer differenziert werden, z. B.:

(a) Der experimentelle Produzent intendiert ein Produkt, das den Erwartungen des Publikums zum Produktionszeitpunkt radikal widerspricht, z. B. benutzt er Sprache nicht als Informationsträger sondern arrangiert Schriftzeichen ausschließlich nach graphischen Gesichtspunkten. Hier sind Einstellung und Produktionsweise im Vergleich zur Erwartung der anderen Aktanten im LITERATUR-System innovativ.
Der experimentelle Produktionsprozeß führt aber wieder zu einem Resultat, das in die Kategorie "Kunstwerk" geordnet werden kann.

(b) Der experimentelle Produzent führt eine Handlung durch, die er als "Kunstwerk" deklariert, die im Vergleich zur Erwartung der übrigen Teilnehmer an Ästhetischer Kommunikation innovativ ist. Entscheidend ist hier, daß die Handlung selbst "das Kunstwerk" ist (also z. B. das Neben-seinem-Portrait-Stehen von Jochen Gerz).

(c) Der experimentelle Produzent produziert über verschiedene Entwicklungsstufen hin ein Werk und präsentiert alle Varianten (mit oder ohne Auszeichnung einer Variante als Resultat) als "Kunstwerk".

In allen Fällen wird die Einschätzung, ob es sich um eine experimentelle Produktion gehandelt hat, bei den Rezipienten, Vermittlern und Verarbeitern liegen. D. h. der experimentelle Produzent kann zwar intendieren, eine experimentelle Produktionshandlung durchzuführen, experimentelle "Kunstwerke" zu produzieren usw. Ob dies aber gelingt, entscheidet sich daran, ob die übrigen Teilnehmer an Ästhetischer Kommunikation solchen Handlungen bzw. Resultaten Prädikate des Typs "ist experimentell" *und* "ist ein Kunstwerk" zuordnen.
An dieser Stelle möchten wir nur kurz auf die Frage eingehen, was man unter 'Gelingen einer experimentellen Produktion' verstehen soll. Nach den letzten Bemerkungen unter (c) entscheidet sich die Einordnung einer künstlerischen Produktionshandlung auf der Skala von "Großer Kunst" bis "Nicht-Kunst" an den Urteilen von Rezipienten, Vermittlern und Verarbeitern[8].
Diese Instanzen entscheiden auch, wie lange etwas als kunstwertiges experimentelles Produkt bewertet wird, und wann es als "normales Kunstprodukt" in die akzeptierte Kultur assimiliert

wird. Je länger ein Produkt diesem Assimilierungsvorgang widersteht, und je länger es auch nach Erfolg der Kanonisierung noch signalisiert, daß es zu seiner Entstehungszeit als experimentelles Produkt aufgefaßt und bewertet worden ist (wie etwa Arbeiten von Sterne, Büchner, Joyce oder G. Stein), desto höher wird nach *gegenwärtig* geltenden ästhetischem Normensystem der Kunstrang eines Werkes eingeschätzt.
M. a. W., als Grundbedingungen experimentellen Handelns im KUNST-System und seinen Elementsystemen gilt, daß nach nicht-konsensuellen Kriterien gehandelt wird und darum für den Handelnden das Risiko entsteht, daß seine Handlungen und deren Ergebnisse vorübergehend oder auf Dauer von seinen Co-Aktanten nicht akzeptiert werden.
Betrachtet man als experimentell eingeschätzte "Kunstwerke" der letzten Jahrzehnte, so zeigen sich einige Charakteristika, die offenbar für die Zuerteilung des Prädikats "experimentell" in diesem Zeitraum besonders verantwortlich sind, so z. B.:

- die Abkehr vom Werk als alleinigem Ziel der Produktionshandlung (insbesondere von solchen Werken, die alle Bedingungen und Stufen ihrer Entstehung in sich "aufgehoben" haben) zugunsten offener Prozesse;
- der Versuch, die sonst überwiegend oder ausschließlich rezeptiven Teilnehmer an Ästhetischer Kommunikation zu aktivieren, aus ihnen Coproduzenten zu machen;
- die Thematisierung der Kunstmittel;
- die Thematisierung von Wahrnehmungs- und Denkvorgängen (etwa durch Minimalisierung oder Hypertrophierung des Wahrnehmungs- und Denkangebots);
- kollektive Produktionsweisen oder Mensch-Maschine-Koproduktionen;
- die Versuche, Kunst insgesamt zu destruieren oder durch Negieren abzuschaffen;

usw.
Berücksichtigt man, was oben zum Gelingen experimenteller Produktionen gesagt worden ist und betrachtet man die eben aufgeführten Tendenzen gegenwärtiger experimenteller Produktionen, so läßt sich m. E. die von vielen Autoren als typisch oder merkmalhaft angeführte hohe Risikobereitschaft des experimen-

tellen Künstlers und die Gefahr des Scheiterns solcher Experimente genauer bestimmen. Begriffe wie 'Risikobereitschaft' und 'Scheiternsgefahr' kennzeichnen nicht den Produktionsvorgang[9] (woran sollte E. Gomringer bei der Niederschrift seiner ersten Konstellationen scheitern?). Sie kennzeichnet vielmehr den Entscheidungsprozeß des Produzenten, etwas vom herrschenden Kunstgeschmack und Kunstbegriff Abweichendes *als* Kunstwerk zu präsentieren, und damit Gefahr zu laufen, daß niemand anderer es ebenfalls als Kunstwerk (bzw. genauer: als Kunstwerk besonderer Art) sieht, bewertet, behandelt usw. Dieses Risiko dürfte besonders hoch sein, wenn Kunst-Angebot und Kunst-Erwartung beim Rezipienten in vermeintlich notwendigen und als evident angesehenen Punkten divergieren: So etwa beim Aufgeben des mimetischen Abbildungsprinzips seit der konkreten Malerei oder beim Aufgeben des narrativen Erzählprinzips bei G. Stein, in der Konkreten Dichtung oder bei F. Mayröcker.

1.2.2 Nach diesen allgemeinen kunsttheoretischen Bestimmungen von 'experimentell' sollen jetzt Selbstbestimmungen experimenteller Literatur-Produzenten auf ihre Charakteristika hin untersucht werden. Dabei stützen wir uns vor allem auf den Bereich der Konkreten Dichtung, da die meisten Mitglieder der Versuchspersonengruppe "experimentelle Schriftsteller" in diesem Bereich gearbeitet haben bzw. noch arbeiten.

Die theoretischen Grundlagen der Konkreten Dichtung im deutschsprachigen Raum sind stark geprägt von den theoretischen Programmen der Konkreten Kunst seit Mondrian und de Stijl (cf. Jaffé, 1967). Als zentrale Programmpunkte des Konkretismus gelten unter anderem:

- gänzliche Ausschaltung der sinnlichen Wahrnehmung der sichtbaren Wirklichkeit
- strikte Beschränkung der künstlerischen Mittel auf Grundelemente
- Überwindung des Individualismus
- Erstreben einer universalen Harmonie
- Kampf gegen das Gefühl zugunsten des Strebens nach dem Allgemeinen[10]
- Internationalisierung der Kunst.

Wie solche Programmpunkte sich dann in der Entwicklung der Theorie einer Konkreten Dichtung niederschlagen, zeigen die Programme, die seit den 50er Jahren entworfen worden sind.
In dem von den Brasilianern Augusto de Campos, Haroldo de Campos und Décio Pignatari entworfenen *Pilot plan for Concrete poetry* (São Paulo 1958) findet sich folgende Passage:
"Konkrete Dichtung: Ergebnis einer kritischen Entwicklung der Formen. Die konkrete Dichtung stellt fest, daß der historische Verszyklus (als formal-rhythmische Einheit) abgeschlossen ist, und wird sich zunächst des graphischen Raums als Strukturelement bewußt. Raum wird genannt: die Raumzeitstruktur an Stelle einer nur linear-zeitlichen Entwicklung. Daher die Bedeutung des ideographischen Konzepts, sowohl in seinem allgemeinen Sinn einer spatialen oder visuellen Syntax, wie auch in seinem spezifischen Sinn (...) einer Kompositionsmethode, die auf direkter - analogischer und nicht logisch-diskursiver Gegenüberstellung der Elemente beruht. (...) Konkrete Dichtung: Wortobjekte in das Raum-Zeitgefüge gespannt. (...) Das konkrete Gedicht ist Mitteilung seiner eigenen Struktur. Es ist sich selbst genügendes Objekt und nicht Darstellung eines anderen äußeren Objekts oder mehr oder weniger subjektiver Gefühle. Sein Material: das Wort (Laut, Seh-Form, Semantik). Sein Problem: die funktionalen Beziehungen dieses Materials. (...) Konkrete Dichtung: durch Gebrauch des phonetischen Systems und der analogischen Syntax Erschaffung eines spezifischen >verbo-voco-visuellen< Sprachgebietes, das die Vorteile der nicht verbalen Mittelbarkeit vereint mit den Wortwerten. (...) Es handelt sich um Mitteilungen von Formen und Strukturen und nicht um herkömmliche Botschaften. (...) Die konkrete Dichtung strebt danach, letzter gemeinsamer Nenner der Sprache zu sein. Deshalb die Tendenz zur Substantivierung und Bildung von Grundformen.
Konkrete Dichtung: totale Verantwortung vor der Sprache. Vollkommener Realismus. Gegen eine Dichtung des persönlichen und hedonistischen Ausdrucks. Um präzise Probleme zu stellen und sie mit den Mitteln verständlicher Sprache zu lösen. Eine allgemeine Wortkunst."
Eugen Gomringer hat 1954 in seinem Manifest *vom vers zur kon-*

stellation folgende Vorstellungen entwickelt:
"das schweigen zeichnet die neue dichtung gegenüber der individualistischen dichtung aus. dazu stützt sie sich auf das wort. Das wort: es ist eine größe (...) es besteht aus lauten, aus buchstaben, von denen einzelne einen individuellen ausdruck besitzen. es eignet dem wort die schönheit des materials und die abenteuerlichkeit des zeichens. es verliert in gewissen verbindungen mit anderen worten seinen absoluten charakter. das wollen wir in der dichtung vermeiden. (...) wir wollen es suchen, finden und hinnehmen. wir wollen ihm aber auch in der verbindung mit anderen worten seine individualität lassen und fügen es deshalb in der art der konstellation zu anderen worten. die konstellation ist die einfachste gestaltungsmöglichkeit der auf dem wort beruhenden dichtung. (...) mit der konstellation wird etwas in die welt gesetzt. sie ist eine realität an sich und kein gedicht über. (...) man erkennt ferner, daß sich in der konstellation mechanisches und intuitives prinzip in reinster form verbinden können."
Aus diesen und ähnlichen theoretischen Darlegungen lassen sich wieder - parallel zur konkreten Malerei - einige Grundsätze zur Theorie und Technik der konkreten Dichtung herauslösen:
a) Entdeckung des Raums bzw. Integration von Flächenwerten in die poetische Textproduktion;
b) Komposition elementarer Einheiten, simultane Konstellationen statt linearer Textsequenzen;
c) Bildung und Bevorzugung von Grundformen und deren selbständige Darbietung, meist in optischen Kontexten;
d) Strukturmitteilung statt Übertragung von >>Botschaften<< oder Gefühlsausdruck, Objektivierung statt Darstellung;
e) antisubjektivistische und antimetaphorische Realisierung von Sprache;
f) konkrete Dichtung als gemeinsamer struktureller Nenner von Sprache als Dichtung;
g) Internationalisierung der Dichtung."
Eine besondere Rolle in den programmatischen Aussagen wie in den sekundärliterarischen Kennzeichnungen der Konkreten Dichtung spielen Hinweise auf solche Spezifika, die man im weitesten Sinne unter ein Konzept wie "*Rationalität*" subsumieren könnte.

So heißt es bei Max Bense, einem einflußreichen Theoretiker der ersten Phase der Konkreten Dichtung: "an stelle des mystikers und metaphysischen schwadroneurs ist der a-theistische, also der rationale und methodische autor getreten, dessen augenmerk der sprache, den materialien gilt, derer er bei der verfertigung seiner reihen und strukturen bedarf, die er methodisch handhabt." (M. Bense und R. Döhl, "zur lage". in: E. Gomringer, Hrsg.,1972:165).

1956 schreibt Gomringer: "die inhaltsfrage ist für den konkreten dichter eng verbunden mit einer solchen der lebenshaltung, in welche die kunst miteinbezogen ist. seine lebenshaltung ist positiv, synthetisch, rationalistisch, so auch seine dichtung. sie ist für ihn nicht ventil für allerlei gefühle und gedanken, sondern ein sprachliches gestaltungsgebiet mit einem engen bezug zu modernen, naturwissenschaftlich und soziologisch fundierten kommunikationsaufgaben." (zitiert nach P. Garnier, 1966:455)

P. Garnier selbst betont 1966 "die rationalistische Tendenz" des Pilot Plan und weist auf den konstruktiven Grundzug Konkreter Dichtung hin: "So kann sich der Künstler auf keine Vorbilder stützen, denn seine Dichtung ist kein Nachahmen, auch kein Nachbilden einer inneren oder äußeren Realität, sondern Entwerfen, dauerndes Überschreiten einmal errungener Ergebnisse ..." (1966:469).

1963 heißt es in der von vielen Konkreten Dichtern unterzeichneten *Position I du mouvement international*: "... une branche de la poésie concrète livre des structures, des informations esthétiques, des Gebildes réalisés à la suite d'expériences conscientes, rationnelles, méthodiques, le "montage" ...".

Gomringer zitiert 1958 in seinen *23 punkten zum problem 'dichtung und gesellschaft'* Benses Begriff der <<synthetischen Rationalität>> als verbindlich für die Konkrete Dichtung: "diese neue rationalität, die also mechanik und existenz umgreift, wird für eine synthetische art der bildung eintreten [...] die neue synthetische rationalität, kennzeichen eines neuen kulturbegriffs, stützt sich auf eine neue weltumfassende gemeinschaft, die in bildung begriffen ist." (serielle manifeste IV, St. Gallen 1966:8)

M. Staber konstatiert 1966 in ihren *Anmerkungen zur Konkreten Kunst* unter anderem: "Es handelt sich [bei der Konkreten Kunst, die Verf.] um einen Strukturierungsprozeß [...] Struktur: zu verstehen als das Organisationsschema des Gestaltungsvorgangs, vom Künstler kontrolliert, vom Beobachter kontrollierbar. [...] In der Konkreten Kunst ist die Intellektualisierung des Gestaltungsprozesses weit fortgeschritten." (serielle manifeste XI, St. Gallen 1966:3f.)
H. Schmitthenner stellt 1966 in einem Beitrag *konkrete poesie* fest: "gewiß, der imaginative, gefühlsbetonte und unterhaltende aspekt der literatur im herkömmlichen sinn wird von diesen intellektuell experimentierenden texten auf kosten des vergnügens an unerwarteten entdeckungen und erkenntnissen vernachlässigt. sprachspiel wird so zum denkspiel, zum nachdenkspiel ..." (Konkrete Poesie deutschsprachiger Autoren. Goethe-Institut, München 1969:9).
Und Th. Kopfermann bemerkt 1974 in seiner Einleitung zu *Theoretische Positionen zur Konkreten Poesie*: "Max Benses Traktat <<Descartes und die Folgen>> zeigt <<Denkstrukturen>>, die für die Rationalität der Konkreten Poesie insgesamt als symptomatisch angesehen werden können." (1974:XLIX)[11]
Diese Belege, die noch erheblich vermehrt werden könnten, entwerfen Aspekte eines komplexen Konzepts genannt *"Rationalität"*, das offenbar als zentrales Merkmal Konkreter Dichtung als einer experimentellen und innovativen Literaturform betrachtet wird. Dieses Konzept baut sich auf aus Merkmalen folgender Art: Konstruktivität; methodisch gesteuerte Textproduktion (cf. etwa Marc Adrians <<methodischen Inventionismus>>); präzise Problemstellung und Problemlösung in einer allgemeinen Wortkunst; Verbindung mechanischer und intuitiver Prinzipien; Strukturierung und Intellektualisierung des Gestaltungsprozesses; Konstitution von Denkspielen; Entwicklung bzw. Wiederaufnahme der Montage als bewußtes, rationelles methodisches Experiment; kalkulierte Reduktion von Sprachmitteln; Bevorzugung von Konstellationen, Reihungen usw. Als wissenschaftliche Orientierungen gelten Sprachtheorie, Texttheorie, Linguistik, Gestalttheorie und Kybernetik[12].
Dieser Merkmalbereich wird abgegrenzt von solchen Merkmalen,

die anderen, als traditionell bezeichneten Literarischen Produktionspraktiken und deren Resultaten zugeschrieben werden; so unter anderem: Individualismus, Subjektivität, Gefühl, Botschaft, persönlicher und hedonistischer Ausdruck als Ventil für Gefühle und Gedanken, Nachahmung, Nationalismus, Symbolismus, Imagination, Unterhaltung, subjektive Metapher, persönliches Erzählen, Spontaneität.[13]

Neben diesem Schwerpunkt "Rationalität" wird aus den Selbstdarstellungen der Konkretisten deutlich, daß der herrschende Literaturbegriff mit seinen traditionellen Gattungen und der daran orientierten Literarischen Produktionspraxis für überholt, veraltet und unzulänglich angesehen wird. So bemerkt etwa Rühm kategorisch: "... ich halte den begriff 'lyrik' für historisch und spreche ihm aktuelle relevanz ab. [...] leute, die heute noch treuherzig lyrik fabrizieren [...] beackern hoffnungslos ein redundantes feld. denn wenn es eine funktion und eine berechtigung von kunst gibt, dann kann es nur die der innovation sein." (in: P. Weiermair, 1968:7f.)

Die konkreten Literatur-Produzenten versuchen daher, den Literaturbegriff grundsätzlich anders zu fassen, ihn weiterzuentwickeln, durch einen anderen zu ersetzen oder abzuschaffen.

Das zeigt u. E., daß sie primär an einer *innovativen* literatur-*immanenten* Entwicklung interessiert sind und - wie ihre Biographien ausweisen - dieses kulturelle Interesse über ökonomische und in Einzelfällen sogar über soziale Interessen stellen, zu deren Erfüllung nach allen einschlägigen Erfahrungen markt- und normenkonformes Verhalten nötig wäre.

Damit stoßen wir bei der Sichtung empirischer Belege von Produktionshaltungen (= Theorien der Handelnden über ihr Handeln) auf eben jene Konfliktlage, die in Kap. 1.1.2 theoretisch entwickelt worden war.

Wie die folgenden Zitate aus dem Umkreis der Wiener Gruppe zeigen, wird hier das Divergenzverhältnis zwischen der erwarteten und erstrebten Anerkennung durch Kritik und Öffentlichkeit einerseits und den abweichenden ästhetischen Standards sowie internen Selbststandards z. B. der Lebensführung bewußt erlebt und artikuliert. Weiterhin zeigen diese Zitate, welche Strategien die Konkretisten entwickelt haben, um diese sozial fru-

strierende Divergenz auszuhalten und langfristig zu ihrem Vorteil aufzulösen: von der Gruppenbildung, die bei den Konkretisten weltweit auffällig häufig ist (Wiener und Stuttgarter Gruppe, Noigandres Gruppe, Gruppen in Prag, Warschau, Paris usw.) über die Abqualifizierung der Gegner bis zum Versuch, die eigenen ästhetischen Standards gegen die herrschenden theoretisch und praktisch durchzusetzen, finden sich die in 1.1.2 genannten Strategien belegt.
Auf den biographisch bewußt und leidvoll erlebten Zusammenhang zwischen experimenteller Literatur-Produktion und Nichtbeachtung bzw. Ablehnung durch die breite (literarische) Öffentlichkeit hat etwa Rühm in verschiedenen Publikationen hingewiesen. So bemerkte er 1968 auf einem Kolloquium über Konkrete Poesie: "man begann das dichterische material - wörter, silben, laute - ebenso autonom, sozusagen nach einem künstlerischen gesichtspunkt zu behandeln, wie dies mit den tönen in der musik seit je usus war und in der gegenstandslosen malerei angestrebt wurde. allerdings ist diese bestrebung nirgends auf so zähen widerstand gestoßen, wie in der dichtung, weil sich jeder spießer mit seinen paar stereotypen phrasen im besitz der vermeintlich "gegebenen", unantastbaren sprache glaubt und sich demgemäß beschränkte urteile darüber anmaßt, was dichtung sein kann." (in: P. Weiermair, 1968:9)
Ausführlich beschreibt Rühm die Entwicklung der experimentellen Techniken und die Reaktion der Öffentlichkeit darauf in seinem Buch über die Wiener Gruppe (1967), wo es z. B. heißt: "sonst auf desinteresse und heftige ablehnung stoßend, waren wir fremde, die zufällig alle schrieben und einander schätzen konnten." (a.a.O.:12) - "in einer atmosphäre von ignoranz und wütender ablehnung war man aufeinander angewiesen, um nicht ganz isoliert zu sein." (a.a.O.:7) - "am 13. Dezember 1954 konstituierten wir uns als club unter dem namen >exil< - er spielte auf unsere situation im österreichischen kulturleben an." (a.a.O.: 17) Trotz gelegentlicher Auftritte und Lesungen faßt Rühm die Situation der Wiener Gruppe Ende der 50er Jahre wie folgt zusammen: "artman hatte österreich 1960 verlassen. wir fühlten uns hier abgeschnitten, auf verlorenem posten. von einigen wenigen abdrucken in zeitschriften und deutschen anthologien ab-

gesehen, häuften sich unsere unpublizierten manuskripte in der schublade. wir hatten hier keine chance. rundfunk, fernsehen, verlagswesen beherrscht ein arroganter provinzialismus. <avant-gardisten> sind von vornherein suspekt, die sollen doch gleich ins ausland gehen ..." (a.a.O.:33).

Zwar können diese spezifisch österreichischen Erfahrungen der 50er Jahre nicht ohne weiteres auf Deutschland übertragen werden. Aber die Tatsache, daß bis heute Publikationen experimenteller Dichtung vergleichsweise kleine Auflagen haben; daß experimentelle Dichtung als "inoffizielle Literatur" gilt und entsprechend wenig in Rezensionen und Interpretationen berücksichtigt wird, ist auch für Deutschland unbestreitbar. Prominente Verdikte von Literatur-Produzenten wie von Literaturwissenschaftlern und Literaturkritikern gegen die konkrete Dichtung z. B. lassen sich zuhauf anführen. H. Friedrich (^{9}1966: 13) ist besonders fix mit ihr fertig: "Die sogenannte >Konkrete Poesie< mit ihrem maschinell ausgeworfenen Wörter- und Silbenschutt kann dank ihrer Sterilität allerdings völlig außer Betracht bleiben."

K. Krolow konstatiert bei seinen konkreten Kollegen "progressive verbale Verflüchtigungsvorgänge", "absolute Leere" und "Abdankung des lyrischen Textes als wie immer geartetes geistiges Lebewesen" (1963:143).

P. Rühmkorf sieht eben diese Kollegen unter "Reduktions- und Reinigungszwang" leidend in "öde Addition und kahles Raisonnement" marschieren, in "Stotteretüden und Anschlagübungen auf der Schreibmaschine." (*Die Zeit* 15, 13. April 1962:17),[14] und ein m. r. (Max Rychner?) frotzelt in *Die Tat* vom 1.10.1960 gar: "Wir drucken diese beiden Gebilde [Konstellationen von E. Gomringer, die Verf.] ab, die irgend etwas, gewiß aber keine Gedichte sind. 33 Konstellationen nennt denn auch der Autor diese Dinger [...]. Die Einsilbergebilde, die wir hergesetzt haben, kommen einem Ideal vollkommener Leere nahe; sie entstammen einer Kiste, die Lallbrocken enthält, aber auch Wörter, die von den Tischen reicherer Männer in diese Armseligkeit fielen."

Die Zitate ließen sich fast beliebig vermehren. Sie ergeben etwa folgendes Bild: Bis zum Ende der 60er Jahre, als die Konkrete Dichtung - und speziell die Visuelle Poesie - einen gewissen Achtungserfolg erringen konnte (cf. die großen Ausstellungen in Münster 1969, Stuttgart, Nürnberg und Amsterdam 1971), war die Konkrete Dichtung lediglich in kleinen Insidergruppen bekannt und galt beim literaturinteressierten Publikum wie bei der Literaturkritik als irrelevant, unbedeutend, als Irrweg oder schlicht als Nicht-Literatur. Die Texte kursierten meist maschinenschriftlich oder wurden in kleinen Zeitschriften und Miniverlagen in geringer Auflage gedruckt.

Der Hauptgrund für die Ablehnung der Konkreten Dichtung lag darin, daß sie sich dem narrativen Gebrauch der Sprache entzog und stattdessen Sprachbestandteile material (sei es graphisch oder akustisch) bearbeitete. Damit aber verstieß Konkrete Dichtung gegen die zutiefst verwurzelte Erwartung der Aktanten im LITERATUR-System an "dichterischen Sprachgebrauch". (Diese Erwartung läßt sich empirisch signifikant bestätigen; cf. dazu D. Hintzenberg et al., 1980.) Je konsequenter konkrete Literatur-Produzenten lineare Textfolge, persönliches Erzählen und subjektiven Metapherngebrauch verweigerten, je radikaler sie also konventionalisierte Verfahren der Literarischen Produktion ausschlossen, desto stärker fielen sie entweder aggressiver Kritik, Spott oder weitgehender Nichtbeachtung zum Opfer.

Wer während des Zeitraums zwischen 1950 und 1968 experimentell (etwa im Sinne von konkret) arbeitete, wußte von vornherein oder erfuhr sehr bald, daß er lediglich von Freunden oder anderen experimentellen Literatur-Produzenten Zustimmung erfahren konnte. Er mußte also das Risiko einkalkulieren, für lange Zeit oder im schlimmsten Fall auf Dauer im LITERATUR-System als Literatur-Produzent abgelehnt oder weithin ignoriert zu werden, solange es ihm nicht gelang, die herrschenden Erwartungen an "Literatur" im Sinne seiner ästhetischen Standards zu verändern; denn die Ablehnung bezog sich ja nicht darauf, daß er etwa "schlechte Literatur" produzierte, sondern daß er etwas produzierte, was als uninteressante "Literatur" galt oder *gar nicht* als "Literatur" akzeptiert wurde.

Während der intensivierten politischen Diskussion nach 1968 fiel experimentelle Literatur noch aus einem weiteren Grund aus dem Erwartungsrahmen an "Literatur" heraus: Sie war nicht gesellschaftsverändernd genug, sie erreichte nicht "die Massen", sie galt als positivistisch, esoterisch, intellektualistisch (cf. Th. Kopfermann, 1974). Lediglich die Visuelle Poesie erfuhr in den 70er Jahren eine stärkere Beachtung; aber dies geschah bezeichnenderweise nicht im LITERATUR-System sondern im Bereich der Bildenden Kunst (wo Parallelen zwischen Concept Art und Visueller Poesie konstatiert wurden) und im Bereich der kommerziellen Werbung, die Gestaltungsmittel der Visuellen Poesie entlehnte und funktionalisierte.

1.2.3 Informationen dieser Art müßten nun nicht nur für die Wiener Gruppe sondern auch für andere Gruppen und einzelne experimentelle Literatur-Produzenten seit Ende der 50er Jahre erhoben werden, um entweder für eine Gruppe oder für einzelne experimentelle Literatur-Produzenten eine spezifische Ausgestaltung ihres Voraussetzungssystems (i. S. der Taxonomie in Kap. 1.1.3) festlegen zu können. Die Einordnung der in Kap. 1.2.2 referierten Daten in das Schema des Voraussetzungssystems dürfte keine Schwierigkeiten bereiten. Weiterführende Arbeiten in diese Richtung können dann empirische "Füllungen" spezieller Voraussetzungssysteme auf der Grundlage der Empirischen Theorie der LITERATUR erbringen, worauf hier nur verwiesen wird, da unsere Aufgabe in diesem Projekt auf einem anderen Gebiet lag. (Eine Fallstudie, die ein spezielles Voraussetzungssystem, nämlich das G. Trakls, zu erarbeiten versucht, ist im Druck.)
Der Zusammenhang zwischen der in Kap. 1.1 geschilderten Theorie Literarischer Produktionshandlungen und der Schilderung der Entwicklung und Situation experimenteller Literatur-Produzenten besteht darin, daß die geschilderten historischen und literaturtheoretischen Daten im Rahmen der Theorie Literarischer Produktionshandlungen systematisiert werden. Damit wird die Formulierung von forschungsleitenden Hypothesen über einen speziellen Bereich des LITERATUR-Systems möglich im Rahmen der Empirischen Theorie der LITERATUR. Die Formulierung dieser Forschungsaufgaben erfolgt im nächsten Abschnitt.

1.3 Zur Aufgabenstellung des Projekts. Teil 1: Überprüfung von Annahmen zu Persönlichkeitsvariablen experimenteller Literaturproduzenten

1.3.1 Im vorigen Kapitel haben wir versucht, den Begriff 'experimenteller Literatur-Produzent' durch Beschreibungen und Systematisierungen von programmatischen Äußerungen näher zu bestimmen, um die Forschungsaufgabe des Projekts genauer formulieren zu können. Auf experimentelle Literatur-Produzenten sind wir deshalb genauer eingegangen, weil bei der Darstellung der Theorie Literarischer Produktionshandlungen die Vermutung formuliert worden war, daß sich besondere Merkmale von Literatur-Produzenten - etwa Fähigkeiten oder Motivationen - vielleicht besser ermitteln lassen, wenn man spezielle Gruppen von Literatur-Produzenten untersucht und sie mit weniger speziellen vergleicht (s. o. Kap. 1.1.5.2).
Aus der Sicht der Empirischen Theorie der LITERATUR besteht das Ziel solcher Untersuchungen darin, Zusammenhänge zwischen Faktoren des Voraussetzungssystems von Literatur-Produzenten, die in der Theorie Literarischer Produktionshandlungen nur sehr allgemein postuliert werden, empirisch genauer zu ermitteln. Dabei geht es in diesem Projekt um die Ermittlung von Zusammenhängen zwischen Fähigkeiten und Intentionen, zwischen Bedürfnissen, Intentionen und Motivationen sowie um Identitätsprobleme von Literatur-Produzenten im LITERATUR-System. Dazu werden im nächsten Abschnitt sechs Annahmen formuliert, die dann mit einer Reihe von empirischen Verfahren überprüft werden sollen.

1.3.2 Die Schilderung der Programmatik und der Situation experimenteller Literatur-Produzenten in unserem LITERATUR-System in den letzten 30 Jahren sollte zeigen, daß experimentelle Produzenten sich in einer (z. T. bewußt eingenommenen) Oppositionshaltung zu den Erwartungen der breiten "literarischen Öffentlichkeit", der Mehrzahl der Literaturkritiker, Verleger, Lektoren und Redakteure sowie der Überzahl der Produzentenkollegen befanden. Diese Oppositionshaltung drückt sich darin aus, daß die herkömmlichen Gattungen und Formen der Literarischen Produktion für überholt angesehen werden und durch neue ersetzt werden müssen, um die innerliterarische Entwicklung innovativ voranzutreiben. Die dabei unter Beweis gestellte experimentelle Haltung (im Sinne von Kap. 1.2.1) sowie die besondere Rolle, die theoretische Auseinandersetzungen mit poetologischen Fragen bei der Entwicklung experimenteller Literarischer Produktionsformen und bei ihrer Verteidigung gegen Kritiker nachweislich gespielt hat, belegt einen hohen Grad kritischer Reflexion und ästhetischen Bewußtseins bei der eigenen experimentellen Literatur-Produktion. Ein konzeptioneller Komplex, der von experimentellen Literatur-Produzenten offenbar für zentral angesehen worden ist, ist oben über verschiedene Teilkonzepte eingeführt und unter dem Sammelbegriff *Rationalität* näher erläutert und mit Stellungnahmen belegt worden: Experimentelle Literatur-Produzenten bewerten in literaturtheoretischen Äußerungen Rationalität höher als Emotionalität und schätzen konstruktive Verfahren der Textproduktion, bis hin zur Steuerung durch explizite Methoden, höher ein als intuitive und gefühlsmäßige Textproduktionsverfahren. Hier stellt sich aus der Sicht der Empirischen Theorie der LITERATUR die Frage: Favorisieren experimentelle Literatur-Produzenten Rationalität aus poetologischen Gründen oder deshalb, weil sie persönlich über eine besonders ausgeprägte Intelligenz verfügen, die bei ihnen zu einer Bevorzugung primär rational ausgerichteter Literaturkonzeptionen führt? Empirisch zu prüfen wären demnach folgende zwei Annahmen:

<u>*A1a:*</u> *Experimentelle Literatur-Produzenten zeigen signifikant häufiger als nicht-experimentelle Literatur-Produzenten oder auch als Aktanten in vergleichbaren (sog. kreativen) Berufen ein Persönlichkeitsmerkmal "hohe Intelligenz".*

<u>*A2b:*</u> *Experimentelle Literatur-Produzenten bevorzugen bei der poetologischen Begründung ihrer literarischen Handlungen das Konzept 'Rationalität' gegenüber anderen möglichen Konzepten.*

1.3.3 Aus den oben zitierten kritischen Stellungnahmen zum konkreten Zweig moderner experimenteller Literatur-Produktion geht hervor, daß ihre Produkte immer wieder als unanschaulich, unsinnlich, bar jeder bildlichen Phantasie, emotionslos usw. bezeichnet werden. Aus den zitierten programmatischen Äußerungen konkreter Literatur-Produzenten läßt sich entnehmen, daß sie Emotion, bildliche Phantasie, Sinnlichkeit, Subjektivität u. ä. bewußt zu vermeiden suchen oder für ihre Literarische Produktion völlig ablehnen. Auch hier stellt sich die Frage, ob diese Ablehnung bzw. diese zumindest als problematisch zu bezeichnende Einstellung zu Emotion usw. nur für den Bereich der Literatur-Produktion gilt und primär poetologisch motiviert ist (gegen eine Dichtung des subjektiven und hedonistischen Ausdrucks), oder ob sie als Ausdruck einer Persönlichkeitsspezifik zu sehen ist. Auch hier sind u. E. also zwei Annahmen empirisch zu überprüfen:

A2a: *Experimentelle Literatur-Produzenten haben persönlich ein konflikthaftes Verhältnis zur Emotion, Sinnlichkeit, bildlicher Phantasie u. ä.*

A2b: *Experimentelle Literatur-Produzenten lehnen bei der poetologischen Begründung ihrer Literarischen Handlungen die in nicht-experimentellen Poetiken positiv bewerteten Kategorien wie z. B. Emotion, Sinnlichkeit, bildliche Phantasie ab.*

1.3.4 Seit der Herausbildung von sogenannten Avantgarden seit Beginn unseres Jahrhunderts wird die Bereitschaft zu experimentellem Literarischen Produzentenhandeln im LITERATUR-System als Voraussetzung für "literarischen Fortschritt" betrachtet, der sich in sogenannten Innovationen ausdrückt. 'Experiment' und 'Innovation' sind für ein avantgarde-orientiertes Handeln im LITERATUR-System eng miteinander verknüpfte Begriffe. Wer sich auf solches Handeln einläßt, dokumentiert damit - und das wird ihm von Kritikern seit C. Einstein auch immer wieder vorgeworfen - dominant literaturimmanente Intentionen. Ein solches Dominantsetzen literaturimmanenter Entwicklungsinteressen geschieht aber - so vermuten wir - nicht aus einem bedürfnislosen reinen ästhetischen Interesse heraus. Vielmehr wird von den experimentellen Literatur-Produzenten - mehr oder weniger bewußt und offen zugegeben - erwartet oder doch erhofft, daß der Versuch innovativer Literaturentwicklung zumindest von Freunden, Kollegen oder für wichtig erachteten Experten als eine Handlung erkannt und mit Anerkennung honoriert wird, die geistige Selbständigkeit, Beweglichkeit, Kreativität, Mut usw. erkennen läßt, also Werte, die in unserer Gesellschaft positiv konnotiert sind; und daß über diese positive Einschätzung der Literaturproduktion langfristig auch deren Resultate als "Höhenkamm-Literatur" kanonisiert werden. (Stereotype Interpretationsmuster wie das vom verkannten, aber post mortem kanonisierten Genie oder von der Kluft zwischen Avantgarde und Publikum liefern hier sicher gelegentlich Argumentationshilfen.)

Auch im Falle einer solchen sozusagen verzögerten oder indirekten Bedürfnisbefriedigung durch experimentelle Literatur-Produktion bleibt aber zu berücksichtigen, daß diese Form der Literaturproduktion für den Produzenten mit einem hohen Risiko der aktuellen und dauerhaften Ablehnung durch Experten und Publikum verbunden ist. Dieses Risiko wächst mit dem Grad der Abweichung von den Erwartungen der Rezipienten und dürfte dort besonders groß sein, wo die Abweichung sich auf elementare und scheinbar evidente Aspekte bezieht: So etwa wenn in Konkreter Dichtung Sprache nicht dazu benutzt wird, wozu sie scheinbar naturwüchsig dient: zum Erzählen.
Da man wohl annehmen kann, daß experimentelle Literatur-Produzenten damit rechnen (bzw. es zumindest nicht ausschließen können), daß experimentelle Literatur-Produktion in bezug auf eine erwartete breite öffentliche Anerkennung risikoreicher ist als andere Literatur-Produktionsformen, weil damit als elementar geltenden Erwartungen an "Literatur" zuwider gehandelt wird, kann man bei experimentellen Literatur-Produzenten sowohl Innovationsbereitschaft als auch Risikobereitschaft unterstellen.

Wie H. Ragotsky (1974) vermutet, ist Innovationsbereitschaft und -fähigkeit in der Regel verbunden mit einer schwächeren Sozialbindung, die vermutlich von beiden Seiten der Interaktionen zu sehen ist: Innovationsbereite experimentelle Literatur-Produzenten distanzieren sich im Bewußtsein der Überlegenheit der eigenen Standards vom "Gewöhnlichen", vom "großen Durchschnitt"[15]; sie entwickeln Elitebewußtsein[16], attackieren (öffentlich oder privat) alle, die sie ablehnen, als Spießer und Ignoranten (cf. Rühms Beschreibung der Einstellung der Wiener Gruppe); diese wiederum lehnen die experimentellen Literatur-Produzenten als Schriftsteller ab oder ignorieren sie.[17] Weiterhin hatten wir bereits erwähnt, daß experimentelle Literatur-Produzenten - vor allem die konkreten Dichter - sich besonders häufig zu Freundeskreisen zusammengeschlossen haben (Wiener Gruppe, Stuttgarter Gruppe, Noigandres Gruppe, die Prager Konkretisten u. a.), offenbar um soziale identitätsstabilisierende Kontakte und Anerkennung der eigenen sozialen Gruppe zu erhalten. Ihre Beziehung zum LITERATUR-System insgesamt ist bestimmt dadurch, daß sie gerade durch ihre Attacken auf die akzeptierten "Formen" und "Werke" bis hin zu deren völliger Ablehnung Anerkennung eben im LITERATUR-System erreichen wollen. Dieses Paradox erklärt sich, wenn man zwei weitere Annahmen macht: Experimentelle Literatur-Produzenten halten das LITERATUR-System für innovationsbedürftig und für innovationsfähig; und sie sind trotz aller Ablehnung davon überzeugt, daß sie selbst diese Innovation zu leisten imstande sind, und daß diese Leistung eines Tages mit qualifizierter Anerkennung honoriert werden wird. D. h. ihre *Motivation* besteht darin, in einem *veränderten* LITERATUR-System akzeptiert zu werden; ihre *Intention* richtet sich darauf, das LITERATUR-System in ihrem Sinne innovativ umzugestalten. Dieser Motivation und Intention setzen andere Aktanten im LITERATUR-System, die noch eine Mehrheit bilden, Widerstände entgegen und beeinträchtigen damit das Bedürfnis der experimentellen Literatur-Produzenten nach identitätsstabilisierender Anerkennung *als* Literatur-Produzenten im gesamten LITERATUR-System.

An diese Bestimmung experimenteller Produktionssituationen schließen sich verschiedene Fragen an. So z. B.: Wie kann das Zusammenwirken von individualpsychologischen und sozialen Faktoren bestimmt werden, das einen Literatur-Produzenten dazu veranlaßt, (zumindest auf unbestimmte Zeit) eine Außenseiterrolle als konkreter Dichter zu übernehmen? Wie wird er mit den damit

verbundenen Divergenzen zwischen Bestätigungsbedürfnis und mangelnder Anerkennung (i. S. von Kap. 1.1.2) sowie mit den Legitimationsproblemen seiner Rolle(n) im LITERATUR-System und in anderen gesellschaftlichen Handlungssystemen fertig? Welche Persönlichkeitsmerkmale beeinflussen das Zusammenwirken von Innovationsbereitschaft (qua Bereitschaft zu Erwartungsabweichungen), Sozialbindung und Identitätsbalancierung? Wie sieht das Einstellungssystem experimenteller Literatur-Produzenten aus? Wie beziehen experimentelle Literatur-Produzenten in ihre Literarische Produktionsstrategie die Aktanten ein, für die sie produzieren (denn die Theorie Literarischer Produktionshandlungen prognostiziert eine solche Orientierung ja für alle Produktionshandlungen)?
Angesichts der Methoden, mit denen wir in diesem Projekt arbeiten, lassen sich aus diesen (z. T. sehr komplexen) Fragen(bereichen) nur wenige Annahmen herauslösen, die dann empirisch näher untersucht werden können. Wir haben uns bei der Projektdurchführung auf folgende Annahmen konzentriert, die wir zwar nicht immer für die interessantesten aber doch für die empirisch prüfbarsten hielten.

1.3.5 Die folgenden drei Annahmen formulieren miteinander zusammenhängende Aspekte der oben geschilderten experimentellen Literarischen Produktion:

<u>*A3:*</u> *Experimentelle Literatur-Produzenten sind grundsätzlich - auch über längere Zeit hinweg - motiviert, von den Erwartungen der Mehrzahl der Aktanten im LITERATUR-System an Literarische Kommunikation sowie Formen und Normen Literarischer Kommunikation abzuweichen. Sie verfügen über eine ausgeprägte Innovationsbereitschaft.*

<u>*A4:*</u> *Experimentelle Literatur-Produzenten sind motiviert, das mit Erwartungsabweichungen verbundene Risiko der Ablehnung, des sozialen und ökonomischen Mißerfolgs auch über längere Zeiträume hinweg zu tragen. Sie sind risikobereit.*

<u>A5:</u> *Nach der in Kap. 1.1.2.1 zugrundegelegten Identitätstheorie sind experimentelle Literatur-Produzenten aufgrund des erhöhten Risikos durch Erwartungsabweichung Legitimationsproblemen für ihre soziale Rolle im LITERATUR-System und für ihre Identitätsbalancierung ausgesetzt. Da experimentelle Literatur-Produzenten trotz mangelnder oder ganz ausbleibender Anerkennung über längere Zeiträume hinweg experimentell arbeiten, verfügen sie über hohe psychische Widerstandsfähigkeit.*

Mit der Kurzformulierung "über hohe psychische Widerstandsfähigkeit verfügen" ist folgendes gemeint: Wer wie viele experimentelle Literatur-Produzenten über Jahre hinweg mit mangelnder Anerkennung bis zur offenen Ablehnung fertig wird, der verfügt offenbar über Strategien, die eine Situation zu kompensieren erlauben, die nach identitätstheoretischen Prognosen krisenhaft auf alle Prozesse der Identitätsbalancierung wirken müßte. Im Anschluß an McCall und Simmons (1974) und im Sinne der Überlegungen in Kap. 1.1.2 können dabei verschiedene Strategien der Divergenzbewältigung und Legitimation entwickelt werden und zusammenwirken (von persönlicher Überschätzung über selektive Wahrnehmung bis zur Ablehnung der Kritiker durch Absprechen von Kompetenz) oder zum Aufbau negativer Identität usw., wobei in Fallstudien genau zwischen sozialen und psychologischen Faktoren unterschieden werden müßte.

1.3.6 Bei der kurzen Darstellung der Theorie Literarischer Produktionshandlungen (in Kap. 1.1.3) war als generelle Annahme über Voraussetzungssysteme von Literatur-Produzenten formuliert worden, daß diese bereit und in der Lage sind, ökonomische Interessen und sogar elementare Bedürfnisse kulturellen Bedürfnissen unterzuordnen. Solche Werthierarchisierungen, die mit Werteinstellungstests gemessen werden können, drückt die letzte der in diesem Projekt zu prüfenden Annahmen aus:

<u>A6:</u> *Experimentelle Literatur-Produzenten dokumentieren ein Einstellungssystem, in dem ästhetische Werte noch ein-*

deutiger als bei anderen Literatur-Produzenten vor ökonomischen und auch vor sozialen Werten rangieren. Diese Werthierarchisierung dokumentiert sich in der Bewältigung von Ablehnung und Mißerfolg ebenso wie in dem dominant literaturimmanenten Interesse, das Innovation als primär relevant für die Entwicklung des LITERATUR-Systems ansieht.

1.4 Zur Aufgabenstellung des Projekts. Teil 2: Ermittlung von Zusammenhängen zwischen unseren Projektergebnissen und F. Barrons Untersuchungen von "creative writers"

1.4.0 Unsere Entscheidung, Barrons Untersuchungen in unser Projekt einzubeziehen, basiert auf verschiedenen Überlegungen. Zunächst einmal interessierte uns die Frage, ob experimentelle Literatur-Produzenten, die nach der heute herrschenden Einschätzung der Geschichte der experimentellen Literatur, speziell der Konkreten Dichtung, nachweislich innovatorisch gearbeitet haben, auch als sogenannte *kreative* Persönlichkeiten bezeichnet werden können. Bei dieser Frage setzen wir Innovation, Experimentorientiertheit und Kreativität nicht einfach gleich; wohl aber vertreten wir die Annahme, daß experimentell arbeitende und nachweislich innovative Literatur-Produzenten auch kreativ - zumindest kreativ im umgangssprachlichen Sinne dieses Wortes - sein müssen.
Der zweite Grund unseres Interesses an Barron bestand darin, daß er Kreativität "in terms of abilities and personality" charakterisiert, also auf Persönlichkeitsmerkmale zurückgeht, die als Faktoren des Voraussetzungssystems auch in der Theorie Literarischer Produktionshandlungen vorkommen. Damit bestand zumindest die Hoffnung, seine Ergebnisse in unserem theoretischen Rahmen zu Vergleichen heranziehen zu können.
Diese Ergebnisse sowie die Voraussetzungen seiner Untersuchungen werden in den folgenden Abschnitten kurz zusammengestellt.

1.4.1 In einer Reihe von Beiträgen hat F. Barron über Versuche berichtet, die er in den 60er Jahren in Californien unternommen hat (cf. Barron 1967, 1968, 1969 und die Anhänge 1 und 2 zu diesem Band). Untersucht wurden dabei sog. kreative Schriftsteller sowie Personen aus anderen Tätigkeitsbereichen, die als kreativ bezeichnet wurden (so z. B. Mathematiker, Physiker und Architekten). Diese Untersuchungen hatten zwei Zielsetzungen:

(a) "... research into creative functioning in a variety of professions" (1967:69)

(b) "... to characterize creative writers in terms of abilities and personality" (a.a.O.:70).

Versuchspersonen in den Untersuchungen kreativer Schriftsteller waren 36 professionelle Schriftsteller und 10 Studenten aus einem Kurs für "creative writing". Von den professionellen Schriftstellern waren 30 "... persons of high reputation as creators of literature" und 26 kommerziell erfolgreiche Schriftsteller "of less reputation".

Die Bestimmung des Auswahlkriteriums 'Kreativität' bei Barron ist nun keineswegs unproblematisch. Barron ließ sich von Universitätskollegen aus der Anglistik sowie einem Herausgeber einer Literaturzeitschrift Schriftsteller "... of a conspiciously high degree of originality and creativeness" benennen. Wie er selbst zugibt, waren die "creative writers" im Vergleich zu den kommerziell erfolgreichen und also für weniger kreativ gehaltenen Kollegen jedoch keineswegs kreativer, so daß er sich gezwungen sah, alle 66 Versuchspersonen als eine Gruppe von Leuten zu untersuchen "... whose main aim in life was to create meaningful patterns with words" (1968:237).

Diese minimalistische Bestimmung von 'Kreativität' wird dann für den Zweck der Untersuchung näher bestimmt als "... the composition of phrases, essays, stories, poems, and plays which communicate a single individual's interpretation of experience in an original manner." (a.a.O.:238) Damit wird das Problem auf die Definition des Ausdrucks 'Originalität' verschoben. Dazu äußert sich Barron leider nicht, sondern er arbeitet bei der Auswahl seiner Versuchspersonen mit einem weitgehend umgangssprachlichen Konzept von Kreativität, das dann offenbar durch die Ergebnisse seiner Untersuchungen inhaltlich gefüllt werden soll.

Als Versuchsinstrumente verwendet Barron sowohl psychometrische als auch projektive Tests sowie Interview und freie Beobachtung. Dabei kommt er zu den im folgenden referierten Charakteristika "kreativer Schriftsteller".

1.4.2 Mit Hilfe der *Composite Q-sort description* (zur Beschreibung des Verfahrens cf. Barrons Berichte in Anhang 1 und 2) erhält Barron 5 Charakteristika der Gruppe der 30 (nach Barron) <<kreativen Schriftsteller>>:

(1) hohes Maß an intellektuellen Fähigkeiten
(2) starkes Interesse an intellektuellen und kognitiven Themen
(3) hohe Einschätzung der eigenen Unabhängigkeit und Autonomie
(4) gute Fähigkeiten des flüssigen Formulierens und des Gedankenausdrucks
(5) Genießen ästhetischer Eindrücke und Reaktion auf solche Eindrücke.

Auf den folgenden Plätzen der Einschätzungsskala liegen folgende Ausdrücke:

(6) Ist produktiv; erledigt, was er anfaßt.
(7) Beschäftigt sich mit philosophischen Problemen; z. B. Religion, Werte, Sinn des Lebens usw.
(8) Stellt hohe Ansprüche an sich selbst.
(9) Hat weitgefächerte Interessen.
(10) Denkt und assoziiert Vorstellungen in unüblicher Weise; denkt unkonventionell.
(11) Ist ein interessanter und fesselnder Mensch.
(12) Erscheint direkt im Umgang mit anderen.
(13) Verhält sich ethisch konsequent, in Übereinstimmung mit seinen eigenen, persönlichen Maßstäben.

Eine Reihe von Q-sort descriptions kann nach Barron durch psychometrische Tests bestätigt werden, so z. B. durch den *Terman Concept Mastery Test*, der den 30 <<kreativen Schriftstellern>> eine überdurchschnittliche verbale Intelligenz bescheinigt. Sie erreichten in diesem Test einen Durchschnittswert von 156, im Vergleich zu 137 bei der Stanford Begabtengruppe und 60 als Mittelwert bei 343 Captains der US-Luftwaffe. Barron betont aber, daß jenseits eines I.Q. von 120 "... measured intelligence is a negligible factor in creativity"; relevant sind dagegen

"... preference for complexity, asymmetry, and the challenge of disorder." (1968:241) Darüberhinaus unterstreicht Barron aber, daß nach seinen Ergebnissen ohne ein "cosmological commitment" der Versuchspersonen, d. h. ohne ihr intensives Engagement für die Schaffung eines privaten Bedeutungsuniversums ("... such individuals are involved constantly in the creation of their private universes of meaning") keine durch I.Q. meßbare mentale Fähigkeit ausreichen würde, um genuin kreative Akte hervorzubringen (a.a.O.:247).
Höhere Werte als jede andere untersuchte Gruppe von Versuchspersonen erreichten die kreativen Schriftsteller auch in bezug auf "Originalität", "Unabhängigkeit" und "Flexibilität", die im *Symbol Equivalence Test* erfragt wurden (cf. Anhänge 1 und 2) sowie in bezug auf "Phantasie", die in Intensivinterviews ermittelt wurde.
In zwei Tests, die Persönlichkeitsmerkmale messen (*Minnesota Multiphasic Personality Inventory* und *California Psychological Inventory*), ergaben sich für Barron folgende Charakteristika kreativer Schriftsteller: Eine unübliche Kombination hoher Werte auf den pathologischen Indices (wie: schizoid, depressiv, hysterisch, psychopathologisch) mit einem hohen Durchschnittswert für Ich-Stärke sowie hohen Werten für CPI-Variablen wie:

- Flexibilität
- Anerkennung der eigenen Person
- gewandtes gesellschaftliches Auftreten
- Leistung durch Unabhängigkeit
- Interesse an psychologischen Fragen.

Wie Barron betont, scheinen kreative Schriftsteller nach diesem Testergebnis zugleich <<kranker>> und <<gesünder>> zu sein als andere Menschen. Barrons Interpretation dieses Ergebnisses geht nun aber nicht in Richtung auf Krankheitsverdacht, sondern in Richtung der Annahme, "... that they are much more troubled psychologically, but they also have far greater resources with which to deal with their troubles." (1968:244)
Als Pendant zu den genannten Werten ergaben sich niedrige Werte für

- guten Eindruck (i. S. von Konformität)
- Anpassung

- Gemeinschaftssinn
- Sozialisation (cf. auch Barron, 1968).

1.4.3 An ökonomischen Vorteilen bzw. Werten sind <<kreative Schriftsteller>> nur in geringem Maße interessiert, wie Barron mit Hilfe des *Allport-Vernon-Lindzey-Tests* ermittelt. Und das, obwohl auch literarisch renommierte Autoren unter seinen Versuchspersonen z. T. erhebliche wirtschaftliche Schwierigkeiten hatten. Allerdings trifft diese Nachordnung ökonomischer Werte nach Barron für alle kreativen Menschen zu.

1.4.4 Als ein besonders beeindruckendes Ergebnis seiner Untersuchungen stellt Barron die Motivation kreativer Schriftsteller heraus, die "ihre Berufung" z. T. gegen große Schwierigkeiten durchhalten: "The hardships included criticism from family and friends, periods of intensive self-doubt, financial adversity, sacrifice sometimes of important personal relationships, and even public censure or ridicule." (1967:73)

1.4.5 Mit Hilfe des *Meyers-Briggs Jungian Type Indicator* ergab sich beim Vergleich der 30 <<kreativen Schriftsteller>> mit den 26 übrigen, daß beide gleiche Ergebnisse in bezug auf folgende Persönlichkeitsmerkmale aufweisen: "... they are distinctly more *introverted* than extraverted, more *feeling* than *thinking*, and more *intuitive* than oriented to *sense experience*." (1968:245)
Vor allem das letzte Ergebnis ist bemerkenswert, da 89 % aller untersuchten Schriftsteller als "intuitiv" klassifiziert wurden, während der Bevölkerungsdurchschnitt in den USA zum Untersuchungszeitpunkt bei 25 % lag.

1.4.6 Mit Hilfe projektiver Tests wie dem *Thematischen Apperzeptionstest* und dem *Rohrschach Test* versucht Barron schließlich, die Themen herauszufinden, die kreative Schriftsteller vor allem bewegen. Dabei bestätigen sich nach seinen Angaben Vermutungen, die schon der *Symbol Equivalence Test* nahelegte. Als bevorzugte Themen nennt Barron:
- Tod

- große unbeseelte Mächte
- Freiheit vs Determinismus
- Natur des Menschen im Verhältnis zum Kosmos
- symbolische Bedeutung von Formen und Farben
- Sinn des Lebens.

1.4.7 In bezug auf die Studentengruppe kommt Barron zu folgender Beobachtung: Abweichend von der Charakterisierung der kreativen Schriftsteller lag bei den Studenten an zweiter Stelle der *Q-sort descriptions* "concerned with own adequacy as a person, either at conscious or unconscious level". Bezeichnend waren auch Aussagen wie: "is basically anxious"; "has fluctuating moods"; "engages in personal fantasy and daydream, fictional speculations" (1967:71). Barron interpretiert diese Aussagen im Lichte der später mit dieser Gruppe angestellten Tests so, daß Studenten ihre Literarische Produktion offenbar als Selbsttherapie betreiben, d. h. als Versuch der Verdrängung und Substitution persönlicher Probleme in einer gesellschaftlich akzeptablen Form.

1.4.8 Diese Ergebnisse Barrons sollen als Vergleichsmaterial für unsere eigenen Untersuchungen herangezogen werden. Bei der Interpretation von Vergleichsergebnissen muß allerdings berücksichtigt werden, daß
- manche der Barronschen Kategorien unzureichend definiert sind;
- die Verhältnisse in den USA in den späten 60er Jahren und in der Bundesrepublik Deutschland in den späten 70er Jahren nicht ohne kritische Prüfung miteinander vergleichbar sind;
- die von Barron verwendeten Typen von Testverfahren z. T. inzwischen weiterentwickelt worden sind, oder daß wir bessere Verfahren benutzen konnten, die genauer und reliabler messen;
- die Barronschen Versuchspersonen-Gruppen nach anderen Gesichtspunkten ausgewählt worden sind als unsere drei Gruppen, da wir Literatur-Produzenten verschiedener poetologischer Orientierung sowie studentische Literatur-Produzenten ausgesucht haben, während Barron Versuchspersonen auswählte, die als "kreativ" galten. Gleichwohl handelt es sich bei den

Versuchspersonen in erster Linie um Literatur-Produzenten, und trotz der genannten Einschränkungen einer zu direkten Vergleichbarkeit der Ergebnisse halten wir Barrons Resultate doch für *prinzipiell* vergleichbar mit unseren, da wir weitgehend dieselben Test*typen* verwendet haben.

1.5 Begründungs- und Anwendungsaspekte des Projekts

1.5.1 Die Begründung für die Themenwahl des hier vorgestellten Projekts kann auf verschiedenen Argumentationsebenen gegeben werden:

(a) Innertheoretisch geht es um die Überprüfung einiger Annahmen über spezielle Literarische Produktionsprozesse, wie sie im Anschluß an die Theorie Literarischer Produktionshandlungen entwickelt worden sind.

(b) Bezüglich des LITERATUR-Systems ist das besondere Interesse an der Analyse sogenannter experimenteller Literatur-Produzentenvariablen bedingt durch das beobachtbare Mißverhältnis zwischen der innerliterarischen Wirksamkeit experimenteller Produzenten (als "Motor literarischer Entwicklung") und ihrer geringen öffentlichen Reputation, was zu folgenden Fragen führt: Sind es Menschen mit einer besonderen Persönlichkeitsstruktur, die als experimentelle Literatur-Produzenten arbeiten? Lassen sich solche eventuell vorhandenen Besonderheiten der Persönlichkeit mit heute verfügbaren Meßmethoden erfassen?

1.5.2 Empirische Ergebnisse aus diesem Bereich können u. E. für die Analyse verschiedener Aspekte des LITERATUR-Systems wichtig werden. So z. B.:

- für eine Begründung typischer Unterschiede zwischen Literatur-Produzenten eines bestimmten Zeitabschnitts;
- für genauere Bestimmungen von Zusammenhängen zwischen Persönlichkeitsaspekten und Spezifika der Literarischen Produktion;
- für künftige Untersuchungen der Frage, ob Sympathien oder Antipathien in bezug auf Typen "literarischer Werke" nicht vielleicht bedingt sind durch die Einstellung von Rezipien-

ten zu den darin zum Ausdruck kommenden Persönlichkeitsmerkmalen der Produzenten dieser Werke;

- für die Bestimmung von Persönlichkeitsdifferenzen zwischen Literatur-Produzenten und anderen Aktanten im LITERATUR-System.

Anmerkungen zu Kapitel 1

1 Besonderheiten der Schreibweise und Notationen sind in Schmidt, 1980, ausführlich begründet und eingeführt.

2 "Literarische Produktion" steht hier und im folgenden als Kurzform für "Produktion Literarischer Kommunikate im LITERATUR-System" und besagt nicht etwa, daß die Produktionsprozesse o. ä. selbst "literarisch" seien.

3 Arbeiten wie die von M. Curtius, 1976, zusammengestellten bilden da nur partiell eine Ausnahme; auch P. Macherey, 1974, kann wohl kaum als empirische Arbeit auf diesem Gebiet gelten.

4 Dabei handelt es sich nicht um eine *Replikationsstudie* im engeren Sinne, da wir die von Barron verwendeten Testverfahren nicht einfach wiederholt haben sondern, wo möglich, weiterentwickelte Verfahren benutzt haben.
Da Barrons Arbeiten aber ähnliche Forschungsziele verfolgen wie unsere Studie, schien es uns sinnvoll, beide Projektarbeiten in einen Zusammenhang zu stellen, der allgemein mit "empirische Projekte zur Erforschung von Kunstproduktionsprozessen" überschrieben werden könnte.

5 Bedürfnisse werden verstanden als Momente der individuellen Triebstruktur, die stets auf ihre Vergesellschaftung angelegt ist. H. P. Dreitzel hat darauf hingewiesen, daß die "... Vergesellschaftung des naturhaft Vorgegebenen am Individuum vor allem eine Leistung der Normen ist, die zugleich der wesentliche Bestandteil sozialer Rollen sind. So gesehen haben die sozialen Normen eine doppelte Funktion: auf der anthropologisch-psychologischen Ebene dienen sie der Triebregulierung, auf der soziologischen Ebene der Regulierung der Bedürfnisbefriedigung. Die naturhaften Triebe werden durch Internalisierung kultureller Normen im Sozialisationsprozeß der Tendenz nach in einer gesellschaftlich akzeptablen Form strukturiert." (1972:222f.)

6 Christian Enzensbergers These dazu lautet, "... daß die Literatur besonders seit dem 18. Jahrhundert, immer weiter blind und dogmatisch *überschätzt* worden ist, von ihr selbst wie von ihrer Theorie, und die Behauptung dieses Buches heißt: aus *Interesse* überschätzt." (1977:15)

7 H. Heißenbüttel hat die Entstehung einer solchen Einstellung im LITERATUR-System so beschrieben: "Der Akt der Befreiung, der für mich in den Konstellationen Gomringers erkennbar wurde, bedeutete, daß ich machen konnte, was ich wollte. Ich konnte alles ausprobieren und zusehen, ob es den gleichen Reiz auszuüben vermochte, den ich hier erfahren hatte. Es handelt sich nicht um Nachahmung (ich habe das versucht, aber wenig Erfolg damit gehabt), nicht um Beeinflussung im gewohnten Sinn. Es handelte sich darum, daß eine Sperre aufgebrochen war, und ich demonstriert fand, in

welcher Richtung man operieren konnte, um die Sperre zu durchbrechen, und daß ich dazu fähig war, wenn ich mich nur erinnerte, auf welche Weise es demonstriert worden war." (Einleitung zu H. Gomringer, *worte sind schatten.* Rowohlt: Reinbek 1969:1)

8 Daneben sollte allerdings nicht übersehen werden, daß es auch für den experimentellen Produzenten das subjektive Gefühl einer gelungenen Problemlösung und Innovationsleistung geben muß; anderenfalls wäre kaum zu erklären, wie er eine tragfähige Identität aufbauen und erhalten kann.

9 Als Ausnahmen könnten eventuell solche Produktionsvorgänge erhoben werden, bei denen der experimentelle Produzent auf direkt planende oder agierende Einflüsse auf die Produktion ganz oder teilweise verzichtet; so z. B. beim "dripping", bei Bio-Art-Prozessen des Schimmelns, Oxydierens, Korrodierens usw., beim Happening mit minimaler Partitur u.a.m. Aber auch hier ist zu berücksichtigen, daß erst durch die Entscheidung des Produzenten ein Prozeß oder Prozeß-Resultat *als* "Kunstwerk" für den Produzenten konstituiert und anderen Teilnehmern an Ästhetischer Kommunikation als "Kunstwerk" präsentiert wird.

10 So heißt es etwa bei J. J. P. Oud: "Paradox ausgedrückt, könnte man sagen, der Kampf des modernen Künstlers sei ein Kampf gegen das Gefühl. Der moderne Künstler strebt nach dem Allgemeinen, während das Gefühl (das Subjektive) zum Besonderen führt." (in: Jaffé, 1967:92)

11 Schmidt, 1968: "Pathos der Intelligenz. Vermutungen zur Situation der Konkreten Dichtung". In: Schmidt, Hrsg., 1968, konkrete dichtung - konkrete kunst '68, karlsruhe: sema, 35-45.

12 "theoretisch beschäftigten wir uns vor allem mit sprachwissenschaft, denkmethoden, Wittgenstein, den neopositivisten, der kybernetik ..." (Rühm, 1967:27)

13 "mystifikation, symbolismus und metaphorik waren uns zuwider ..." (Rühm, 1967:25).

14 Ein einschlägiges Erlebnis berichtet Schmidt von der Bienale für Poesie in Knokke 1971, wo Mitglieder der Académie Française konkrete Dichter als "Totengräber des Abendlandes" und als "Verderber der Jugend" öffentlich beschimpften.

15 "eine distanzierung von der umwelt durch indifferenz wird erprobt, das banale zum eigentlichen erklärt, die beliebigkeit von wertmass-stäben entlarvt." (Rühm, 1967:13)

16 "kritisierten wir uns gegenseitig, so stets im bewußtsein eines exklusiven niveaus, auf dem nur unsere eigenen kriterien angemessen und akzeptabel waren. und eben die kluft zwischen unseren und den kriterien oder fehlenden kriterien unserer kollegen setzten uns von ihnen als <gruppe> ab." (Rühm, 1967:12f.)

[17] Über die Anfänge der Wiener Gruppe berichtet Rühm: "jetzt, da man der <entarteten kunst> wieder offen begegnen konnte, erregte sie die gemüter oft bis zu handgreiflichkeiten, schon wer für sie interesse zeigte, wurde für verrückt, abwegig erklärt - erst recht die, die sie vertraten." (a.a.O.: 7)

KAP. 2 ZU DEN VERWENDETEN PERSÖNLICHKEITSTESTS

2.1 Gesichtspunkte der Testauswahl und -anwendung

2.1.1 Um möglichst viele Vergleichs- und Kontrollmöglichkeiten zwischen empirisch erhobenen Daten unter so intensiv diskutierten Konstrukten wie 'Intelligenz', 'Kreativität', 'Werteinstellung' u. a. zu bekommen, haben wir die jeweils neueste Version von sieben bereits klassisch gewordenen Testverfahren ausgewählt. Dabei haben wir lediglich darauf geachtet, daß die Testverfahren relativ viele Einzeldimensionen aufwiesen, in denen gemessen und verglichen werden konnte; und zwar sollten die Daten sowohl untereinander korrelierbar als auch - soweit möglich - mit Barrons Daten vergleichbar sein.

2.1.2 Bezüglich des Konstrukts 'Intelligenz' haben wir daher den *Intelligenz-Struktur-Test I-S-T 70* von R. Amthauer (1973) ausgewählt, drei der von Jäger definierten *Dimensionen der Intelligenz* sowie die sechs Subtests der Dimension 'Kreativität' aus dem *Verbalen Kreativitäts-Test V-K-T* von K.-J. Schoppe (1975).
Der *Allport-Vernon-Lindzey-Werteinstellungstest* in der Fassung von E. Roth 1972 sollte die Relation der Variablen im Einstellungssystem der Literatur-Produzenten aufdecken. Die anderen psychisch und psychosomatisch relevanten Persönlichkeitsvariablen sollten durch das *Freiburger Persönlichkeitsinventar FPI* von J. Fahrenberg et al. (^{3}1978) sowie durch die beiden projektiven Verfahren des *Thematischen Apperzeptionstests TAT* von W. J. Revers (1973) und des *Wartegg-Zeichentests WZT* erfaßt werden.

2.1.3 Der *I-S-T 70* mißt das Konstrukt 'Intelligenz' in den folgenden Dimensionen:

(1) *Urteilsbildung* (common sense, Orientierung im konkret-praktischen Bereich des täglichen Lebens, Wirklichkeitssinn, Selbständigkeit im Denken)

(2) *Erfassen von sprachlichen Bedeutungsgehalten* (Sprachgefühl, induktives sprachliches Denken, Einfühlungsvermögen, rezeptive Disposition)

(3) *Kombinationsfähigkeit* (Beweglichkeit im Denken, Klarheit und Folgerichtigkeit im Denken, Erfassen und Transponieren von Beziehungen, Widerstandsfähigkeit gegenüber "Ungefähr- und Scheinlösungen")

(4) *Sprachliche Abstraktionsfähigkeit* (Begriffsbildung, sprachlogisches Denken)

(5) *Merkfähigkeit* (Gedächtnis, längerfristiges Behalten von gelernten Inhalten)

(6) *Praktisch-rechnerisches Denken* (sachlogisches, mathematisches Denken, reasoning, schlußfolgerndes Denken)

(7) *Theoretisch-rechnerisches Denken* (induktives Denken mit Zahlen, Beweglichkeit und Umstellfähigkeit im Denken, rhythmische Komponenten)

(8) *Vorstellungsfähigkeit allgemein* (Vorstellungsreichtum, anschaulich-ganzheitliches Denken, gestaltend-konstruktive Fähigkeiten)

(9) *Räumliche Vorstellungsfähigkeit* (technisch-konstruktive Fähigkeiten, analytische Dispositionen, Unabhängigkeit von konventionellen Formbildungen)

(10) *Festigung vs Flexibilität im Denken* (geistige Entwicklungsfähigkeit in Relation zum Lebensalter).

Aus den Werten der Dimensionen 1 - 9 lassen sich Rohwerte, allgemeine Standardwerte, Schulstandardwerte und I.Q.'s errechnen, weiterhin die Dimensionswerte des Faktors 10 (Festigung vs Flexibilität).

2.1.4 Aus Jägers *Dimensionen der Intelligenz* haben wir einen 18-Aufgabentest aus den drei folgenden Dimensionsbereichen zusammengestellt:

Faktor 2 : *Einfallsreichtum und Produktivität* (einfach strukturiertes und komplexes Zahlenmaterial, Konzentrationskraft, Assoziationsflüssigkeit, Problemintensität, Originalität)

Faktor 3 : *Konzentrationskraft und Tempo-Motivation* (Wahrnehmung, Merkfähigkeit, Motivation bei allen Materialien wie Zahlen-, Sprach- und sog. Clerical-Material)

Faktor 6 : *Sprachgebundenes Denken.*

2.1.5 Der *Verbale Kreativitätstest V-K-T* von Schoppe mißt in folgenden Sub-Dimensionen des Faktors "Kreativität":

(1) *Einfallsraschheit und Äußerungstendenz*

(2) *syntaktisch gewandte Mitteilung*

(3) *Assoziation, vergleichende Kombination*

(4) *ungewöhnliche Sprachverwendung*

(5) *utopische Situationen*

(6) *Produktion lustiger Einfälle.*

Errechnen lassen sich aus den erhobenen Daten die Standardwerte der Sub-Dimensionen sowie, als Mittelwert aller Sub-Dimensionsstandardwerte, der sog. Kreativitätsindex.

2.1.6 Der *Allport-Vernon Werteinstellungstest* mißt dominante Interessen der Persönlichkeit und erlaubt eine Gewichtung und eine übersichtliche Darstellung der einzelnen Einstellungen und ihres Verhältnisses zueinander.

Um nachvollziehen zu können, welche Werteinstellungen mit diesem Test im einzelnen erfaßt werden (sollen), scheint es uns erforderlich, die Entwicklung dieses Tests aus seinen philosophischen Grundlagen kurz zu skizzieren.

Dieser Test operiert auf folgender Basis: Die von Eduard Spranger 1921 analysierten Wertbereiche unserer Kultur werden als Einstellungsgegenstände aufgefaßt, die für einzelne Individuen verschiedene und durch Skalen meßbare Bedeutungen haben.(1)
"Der Werteinstellungstest soll die relative Ausprägung sechs grundlegender Interessen oder Motive der Persönlichkeit messen, und zwar theoretische, ökonomische, ästhetische, soziale, politische und religiöse Einstellung."(2)
Je nachdem welche Einstellung in einem Menschen dominiert, kann man ihn als "theoretischen, ökonomischen, ästhetischen" usw. Typ bezeichnen. Zum besseren Verständnis des Testverfahrens sei hier die Zusammenfassung der Sprangerschen "Idealtypen" zitiert, wie sie Roth (1972) erläutert: "*1. Der theoretische Typ.* Das vorherrschende Interesse des theoretischen Menschen ist das Auffinden der *Wahrheit*. Bei der Verfolgung dieses Zieles zeigt er charakteristischerweise eine auf Erkenntnis gerichtete Einstellung, die nach Übereinstimmung und Unterschieden sucht; die darauf verzichtet, nach der Schönheit oder Nützlichkeit der Dinge zu fragen, und die lediglich darin besteht, zu beobachten und zu begründen. Da das Interesse des theoretischen Menschen empirisch, kritisch und rational ist, ist er notwendigerweise Intellektualist, häufig Naturwissenschaftler oder Philosoph[3]. Sein Hauptziel im Leben ist es, sein Wissen zu ordnen und zu systematisieren. *2. Der ökonomische Typ.* Der ökonomische Typ ist hauptsächlich an dem interessiert, was *nützlich* ist. Das Interesse an Nützlichem, das ursprünglich auf der Befriedigung körperlicher Bedürfnisse beruhte (Selbsterhaltung), entwickel-

te sich so, daß es schließlich die gesamte praktische Tätigkeit im wirtschaftlichen Bereich umfaßt: Produktion, Kauf und Konsum von Waren, Ausbau des Ansehens und Anhäufen von materiellem Reichtum. Dieser Typ ist durch und durch "praktisch" und stimmt ausgezeichnet mit dem vorherrschenden Stereotyp des durchschnittlichen amerikanischen Geschäftsmannes überein. Die ökonomische Einstellung kommt häufig in Konflikt mit anderen Werteinstellungen. Der ökonomische Mensch fordert, daß Erziehung praktisch zu sein habe; er betrachtet Wissen, das nicht angewandt wird, als Verschwendung. Großtaten der Technik resultieren aus den Forderungen, die ökonomisch eingestellte Menschen an die Naturwissenschaft stellten. Der Wert der Nützlichkeit kann ebenso mit dem ästhetischen Wert in Konflikt geraten, es sei denn, die Kunst dient kommerziellen Zwecken. In seinem privaten Leben verwechselt der ökonomische Mensch leicht Schönheit mit Luxus. In den Beziehungen zu seinen Mitmenschen ist er eher daran interessiert, sie an Reichtum zu übertreffen, als sie zu beherrschen (politische Einstellung) oder ihnen zu helfen (soziale Einstellung). Manchmal kann man dem ökonomischen Menschen nachsagen, aus der Anbetung Mammons Religion zu machen. In anderen Fällen wird er wohl den traditionellen Gott achten, aber er neigt dazu, ihn als Spender guter Gaben, des Reichtums, des Wohlstands und anderen materiellen Segens zu betrachten. *3. Der ästhetische Typ*. Der ästhetische Mensch sieht den höchsten Wert in *Form* und *Harmonie*. Jede einzelne Erfahrung wird vom Standpunkt der Anmut, der Symmetrie oder des Stils aus beurteilt. Er betrachtet das Leben als eine Folge von Ereignissen; jeder einzelne Eindruck wird um seiner selbst willen genossen. Er muß weder ein schöpferischer Künstler, noch besonders ätherisch sein; er ist ein ästhetischer Mensch, schon wenn sein Hauptinteresse der künstlerischen Seite des Lebens gilt.
Die ästhetische Einstellung ist in gewissem Sinne der theoretischen diametral entgegengesetzt; erstere beschäftigt sich mit der Mannigfaltigkeit, letztere mit der Gleichheit der Erfahrung. Der ästhetische Mensch betrachtet - wie Keats ausführt - entweder Wahrheit der Schönheit gleichwertig, oder er stimmt mit Mencken darin überein, daß "es tausendmal besser sei, etwas mit Charme als richtig zu machen." Den ökonomischen Bereich sieht der Ästhet als einen Prozeß der Herstellung, der Reklame und des Geschäftemachens und daher als totale Zerstörung jener Werte, die ihm selbst am wichtigsten sind. Auf sozialem Gebiet kann man von ihm sagen, er sei an Personen, jedoch nicht an deren Wohlergehen interessiert; er tendiert zu Individualismus und Unabhängigkeit. Ästhetische Menschen lieben oft die prächtigen Zeichen von Pomp und Macht, wehren sich aber gegen solche politische Aktivitäten, die auf die Unterdrückung der Individualität abzielen. Im religiösen Bereich neigen sie dazu, Schönheit mit reiner religiöser Erfahrung zu vermengen. *4. Der soziale Typ*. Der höchste Wert für diesen Typ ist die *Liebe* zum Menschen. Der Werteinstellungstest mißt dabei den altruistischen oder philanthropischen Aspekt dieser Liebe [...]. Der soziale Mensch schätzt den Mitmenschen um seiner selbst willen und ist deshalb seinerseits freundlich, zuvorkommend und selbstlos. Er empfindet die theoretische Einstellung meist als kalt und unmenschlich. Im Gegensatz zum politischen Typ betrachtet der soziale Mensch die Liebe als die einzig richtige Art menschlicher Beziehungen. Spranger

fügt hinzu, daß dieses soziale Interesse in seiner reinsten Form selbstlos ist und der religiösen Einstellung sehr nahe kommt. *5. Der politische Typ.* Der politische Mensch interessiert sich vor allem für *Macht.* Seine Tätigkeit beschränkt sich nicht notwendigerweise auf das enge Feld der Politik. Was immer sein Beruf ist, er zeigt sich als Machtmensch. Führer aller Bereiche sind durch hohes Machtstreben gekennzeichnet. Da Wettbewerb und Kampf eine große Rolle im ganzen Leben spielen, haben viele Philosophen die Macht als das verbreitetste und grundlegendste aller Motive angesehen. Es gibt jedoch gewisse Charaktere, in denen der Wunsch nach *unmittelbarem* Ausdruck dieses Motivs beherrschend ist und die vor allem anderen nach persönlicher Macht, nach Einfluß und Ansehen streben. *6. Der religiöse Typ.* Den höchsten Wert des religiösen Menschen könnte man *Einheit* nennen. Er ist Mystiker und versucht, den Kosmos als ein Ganzes zu verstehen und sich auf die umfassende Totalität zu beziehen. Spranger definiert den religiösen Menschen als einen, "dessen ganze Geistesstruktur dauernd auf die Erzeugung des höchsten, restlos befriedigenden Werterlebnisses gerichtet ist" (Lebensformen, München/Hamburg 1965, S. 206). Manche Menschen dieses Typs sind "immanente Mystiker", d. h. sie finden ihre religiöse Erfahrung in der Bejahung des Lebens und in aktiver Teilnahme daran. Der lebensfrohe und begeisterungsfähige faustische Mensch sieht in jedem Ereignis etwas Göttliches. Dagegen strebt der "transzendente Mystiker" danach, sich mit einer höheren Wirklichkeit zu vereinen, indem er sich vom Leben zurückzieht; er ist Asket und findet - wie die heiligen Männer Indiens - die Erfahrung der Einheit durch Selbstverleugnung und Meditation. In manchen Individuen wechseln Ablehnung und Bejahung des Lebens miteinander, um größte Erfüllung zu erreichen. *Mischtypen.* Spranger unterstellt nicht, daß ein bestimmter Mensch ausschließlich dem einen oder dem anderen Typ von Werteinstellungen angehört. Seine Darstellung meint lediglich "Idealtypen"; dieser Begriff wird in seinen "Lebensformen" vollständig dargestellt.

Bei der Diskussion mit den Versuchspersonen über die Ergebnisse des Werteinstellungstests kann es für den Versuchsleiter dienlich sein, vorstehende kurze Charakteristik der Sprangerschen Typen zur Hand zu haben. Zur detaillierten Interpretation sollte er selbstverständlich direkt auf Sprangers "Lebensformen" zurückgreifen."

2.1.7 Das *Freiburger Persönlichkeitsinventar FPI* mißt in den folgenden Dimensionen:

(1) *Nervosität* (psychosomatisch gestört vs nicht gestört)

(2) *Aggressivität* (spontan aggressiv, emotional unreif vs nicht aggressiv, beherrscht)

(3) *Depressivität* (mißgestimmt, selbstunsicher vs zufrieden, selbstsicher)

(4) *Erregbarkeit* (reizbar, leicht frustriert vs ruhig, stumpf)

(5) *Geselligkeit* (gesellig, lebhaft vs ungesellig, zurückhaltend)

(6) *Gelassenheit* (selbstvertrauend, gutgelaunt vs irritierbar, zögernd)
(7) *Dominanzstreben* (reaktiv aggressiv, sich durchsetzend vs nachgiebig, gemäßigt)
(8) *Gehemmtheit* (gehemmt, gespannt vs ungezwungen, kontaktfähig)
(9) *Offenheit* (offen, selbstkritisch vs verschlossen, unkritisch)
(10) *Extraversion* (extravertiert vs introvertiert)
(11) *Emotionale Labilität* (emotional labil vs emotional stabil)
(12) *Maskulinität* (typisch männliche Selbstschilderung vs typisch weibliche Selbstschilderung)

2.1.8 Die beiden projektiven Testverfahren, der *Thematische Apperzeptionstest TAT* und der *Wartegg-Zeichentest WZT* ermitteln im wesentlichen Daten, die auf ähnliche Persönlichkeitsdimensionen verweisen wie das *FPI*. Aber die Konstrukte sind nicht so eindeutig bezeichenbar wie die vorhin geschilderten Verfahren. Außerdem sind nur bedingt standardisierbare Auswertungsverfahren auf das Datenkorpus anwendbar.
Da der Wartegg-Test hinsichtlich seiner Verwendbarkeit als Persönlichkeitstest in der Psychologie umstritten ist, hatte N. Groeben bei seinem Vorschlag, diesen Test zu verwenden, eine *spezifische* Verwendungsweise geplant. Da diese Verwendungsweise - aus einer Reihe von Gründen - im Versuchsablauf *nicht* realisiert werden konnte, erscheint es uns angebracht, Groebens Intention hier besonders zu erwähnen (dabei zitieren wir aus einem seiner Briefe zu unserem Projekt): "Gedacht war [der Wartegg-Test] folgenderweise: Es ist ein Test [...], der ja einen konkret-formalen Anregungsgehalt bietet. Ich hatte ihn mir vorgestellt als Erhebungsinstrument für die Frage, ob die BI-Produzenten [= experimentelle Literatur-Produzenten] entsprechend ihrer literaturtheoretischen Einstellungen und literarischen Erfahrungen spezifische Kompetenzen zur Reaktion auf formalanschauliche Anregungsgehalte entwickelt haben, vor allem im Vergleich zu den nicht-experimentellen Literatur-Produzenten. [...] Konkret hatte ich mir z. B. folgenden Einsatz vorgestellt: Man entwickelt in einem Vorversuch Kriterien (Zielkriterien)

für z. B. kreative oder originelle oder oppositionelle formale Gestaltungen, wie sie von der Konkreten Poesie aus z. B. selbst anzusetzen wären [...]; dann läßt man die Wartegg-Zeichnungen der Vpn unter genau diesen Kriterien von eher Laien (normale Rezipienten im Sinne des statistischen Durchschnitts) und eher Experten (z. B. Kunstwissenschaftlern) einschätzen (raten); die Auswertung ermöglicht dann den Aufweis potentieller Unterschiede hinsichtlich dieser spezifischen Aspekte formal-konkreter Kreativität/Originalität sowie eventuell auch Hinweise darauf, inwiefern deren Einschätzung von den Kompetenzen des Rezipienten abhängig ist [...]. Es ist für mich natürlich schade, daß diese wie ich persönlich meine wichtigere Verwendung des Wartegg nicht stattgefunden hat ..." - was wir natürlich auch sehr bedauern: Sie ist tatsächlich, wie Groeben vermutet, "... im Eifer des 'Gefechtes' um die Tests völlig untergegangen." - Alle weiteren Informationen zum Thematischen Apperzeptionstest und zum Wartegg finden sich in Kapitel 6.

2.2 Kritische Anmerkungen zur Testauswahl und Testanwendung

Wir sind uns durchaus der Tatsache bewußt, daß trotz der in vielen Tests erwiesenen Nützlichkeit der von uns verwendeten Testverfahren strenggenommen jede der bisher erwähnten Dimensionen bzw. Konstrukte hinsichtlich ihrer Konzeption der inhaltlichen Bestimmungen, hinsichtlich der in ihrer Konzeption implizierten Theorie von Persönlichkeit sowie hinsichtlich ihrer Psychologiekonzeption problematisiert werden könnte. So kann etwa thematisiert werden, ob der Rekurs des Werteinstellungstests auf sechs Interessen oder Motive der Persönlichkeit (theoretische, ökonomische, ästhetische, soziale, politische und religiöse) nicht durch seine Herleitung aus Sprangers sogenannten Idealtypen (cf. E. Roth, 1972) philosophisch und psychologisch anfechtbar ist; ob nicht Amthauers *I-S-T 70* spezifisch bildungsbürgerliche Vorstellungen vertritt und außerdem nicht auf spezielle Bedingungen wie die von Literatur-Produzenten zugeschnitten ist; oder ob nicht die Kritik an der Psychoanalyse in den letzten Jahren die Fixiertheit des Thematischen Apperzeptionstests auf Autorität, Gewalt und Sexua-

lität besonders problematisch erscheinen läßt; ob schließlich nicht das im Test verwendete Bildmaterial ästhetisch sensible Versuchspersonen abstoßen muß, u.ä.m.
Eine systematische Auseinandersetzung mit solchen Fragestellungen würde jedoch ein *methodologisch* orientiertes Forschungsprojekt erfordern. Da wir jedoch, wie oben geschildert (cf. Kap. 1), von ganz anderen Aufgabenstellungen und Zielsetzungen ausgehen, muß dieser kurze Hinweis auf wissenschaftstheoretische und methodologische Probleme als Indiz für vorhandenes Problembewußtsein genügen.
In diesem Zusammenhang weisen wir mit Nachdruck darauf hin, daß die *Auswertung* der erhobenen Daten ausschließlich im Rahmen derjenigen Auswertungsrichtlinien und -konzepte erfolgt ist und erfolgen konnte, die die Testkonstrukteure vorgegeben haben. Nur so kann eine Vergleichbarkeit der Ergebnisse ermöglicht werden.
Wir sind uns auch bewußt (und wollen dies hier ausdrücklich erwähnen), daß eine Untersuchung von Persönlichkeitsmerkmalen mit den hier verwendeten Instrumenten nicht genügen kann. Sie kann nicht mehr sein als *ein erster* Schritt. Andere Verfahren - vor allem auch Verfahren auf anderen psychologischen und testtheoretischen Grundlagen (cf. dazu N. Groeben, 1981) - sollen und müssen daneben angewandt werden, vor allem auch solche anderer methodologischer Ausrichtung (wie etwa teilnehmende Beobachtung, Tiefeninterview, Langzeitstudien). Nur so kann es langfristig gelingen, die Schwächen, die alle bis heute bekannten reaktiven empirischen Verfahren aufweisen, möglichst zu korrigieren.

Anmerkungen zu Kapitel 2

1 Über das Verfahren cf. E. Roth, 1972.

2 Roth 1972:6.

3 Damit soll aber nicht gesagt werden, daß für eine Versuchsperson ein hoher Grad an Begabung oder Kenntnissen nötig sei, damit sie diesem oder jenem Typ zugeordnet werde. Nach Spranger kann jemand weniger nach Leistungen als vielmehr nach seinen Interessen und Neigungen beurteilt werden.

KAP. 3 ZUR DURCHFÜHRUNG DER UNTERSUCHUNGEN

3.1 Ablauf der Datenermittlung

3.1.1 Die Vorbereitungen für das Projekt begannen im Herbst 1977 mit der Zusammenstellung der Testbatterie, die von dem Heidelberger Literaturpsychologen N. Groeben besorgt wurde. Dafür sei ihm auch an dieser Stelle noch einmal ausdrücklich gedankt.

Die Datenerhebung erfolgte dann zum einen während eines Kolloquiums über "Literaturentwicklung und Literaturanalyse: Entwicklungstendenzen und Beschreibungsmöglichkeiten experimenteller Literaturen" vom 11. - 13. Februar 1978, zu dem insgesamt 20 experimentelle Literatur-Produzenten in das Zentrum für Interdisziplinäre Forschung der Universität Bielefeld eingeladen worden waren, sowie am 8. und 9. Juli desselben Jahres in Düsseldorf und direkt anschließend am 10. und 11. Juli in der Universität Bielefeld.

Bis auf den *Thematischen Apperzeptionstest* wurden immer alle Tests in einer fünfstündigen Gruppensitzung unter Anleitung eines geschulten Testleiters und einer studentischen Hilfskraft am jeweils ersten Tag der o. a. Zeiträume durchgeführt. Die Sitzungen zum *Thematischen Apperzeptionstest* fanden in der restlichen Zeit unter vier Augen statt, jeweils nach Absprache mit einem der beiden Salzburger Psychologen, die das Projekt begleiteten.

Die Testbatterie begann jeweils mit dem *Wartegg-Zeichentest*, darauf folgte der Test mit Jägers *Dimensionen der Intelligenz* und der *Intelligenz-Struktur Test*. Nach einer kurzen Pause mußten die Versuchspersonen dann den *Werteinstellungstest von Allport-Vernon-Lindzey* ausfüllen, danach den *Verbalen Kreativitätstest* und schließlich das *Freiburger Persönlichkeitsinventar*.

Der Ablauf war bis hin zu den Anweisungen des Versuchsleiters (R. Zobel) genau festgelegt und rollte auch in zwei der drei Erhebungsfälle präzise und ungestört ab. Lediglich im ersten Bielefelder Versuch gab es Störungen, über die unten noch berichtet wird.

3.1.2 Die erste Versuchspersonen-Gruppe im Zentrum für Interdisziplinäre Forschung (im folgenden B I genannt) setzte sich aus 16 experimentellen Literatur-Produzenten zusammen, die sich vorher schriftlich bereit erklärt hatten, während der o. a. Literaturtagung an psychologischen Tests teilzunehmen.
Aus Zeitgründen konnten zwei der Tagungsteilnehmer nicht an allen Tests teilnehmen, eine Versuchsperson mußte nach kurzer Zeit aus gesundheitlichen Gründen aufgeben. Eine Versuchsperson brachte schon kurz nach Beginn des Versuchs ihren Unmut über die ihrer Meinung nach einem Literatur-Produzenten unzumutbaren Testaufgaben zum Ausdruck, verweigerte die weitere Teilnahme und versuchte darüberhinaus, auch andere Teilnehmer zum Abbruch zu bewegen. Das Verhalten dieser Versuchsperson behinderte den Versuchsablauf so, daß der Versuchsleiter es schließlich vorzog, den Test vor der abschließenden Beantwortung des *Freiburger Persönlichkeitsinventars* abzubrechen. Leider ist nicht auszuschließen, daß die Resultate von Versuchspersonen in den noch abgeschlossenen Versuchsteilen durch die z. T. auch von außen in den Versuchsraum hineingetragenen Störungen der genannten Versuchsperson beeinflußt worden sind. Eine Interpretation der in dieser Gruppensitzung erhobenen Daten muß daher zumindest theoretisch damit rechnen, daß eine Störgröße miteinbezogen worden ist.
Dieser Störfall, der von allen Versuchspersonen und den Versuchsleitern am Abend in einer heftig geführten stundenlangen Debatte diskutiert wurde, gibt Anlaß zu drei grundsätzlichen Bemerkungen:

(1) Auch bei sorgfältiger Vorbereitung kann nicht ausgeschlossen werden, daß empirische Untersuchungen einen unvorhergesehenen Verlauf nehmen können; Tests und Versuchspersonen können eben nicht "klinisch sauber" behandelt und durchgeführt werden; sie sind risikoreich und darum in ihrer Aussagekraft begrenzt, was jede Interpretation der erhobenen Daten berücksichtigen muß.

(2) Werden standardisierte Versuche mit Versuchspersonen unternommen, die hochgradig sensibel sind, eine hohe Eigeneinschätzung aufweisen und sich darüber hinaus aus stilistischen Gründen an der Formulierung von Fragen oder an ästhe-

tischen Charakteristika verwendeter Bildmaterialien nachhaltig stören, so kann sich eine sogenannte metakommunikative bzw. metaoperative Einstellung störend in den Versuchsablauf einmischen. In diesem Fall ist damit zu rechnen, daß die Ergebnisse - vor allem wenn dabei Faktoren wie Schnelligkeit und Spontaneität der Antworten eine Rolle spielen - verzerrt sind.

(3) Wenn die Versuchspersonen vorher nicht bis ins Detail über Testablauf, Fragentypen, Funktion indirekter Fragen u. ä. informiert werden, um den Versuchsablauf nicht zu beeinflussen, kann der Fall auftreten - so wie bei B I geschehen - daß einige Versuchspersonen so große Aversionen gegen bestimmte Tests aufbauen (geäußert als: "Ich lasse mich keinem Test für Ladenschwengel aussetzen!"), daß die Aversion offen ausbricht und zum Abbruch des Tests führen kann. Daß es sich um einen einzelnen Störfall gehandelt hat - auch wenn eine Reihe der übrigen Versuchspersonen aus B I am Abend ebenfalls von Aversionen gegen die standardisierten Tests berichteten - läßt dieses Risiko erträglich erscheinen.

3.1.3 Die zweite Gruppe von Versuchspersonen (im folgenden mit D bezeichnet) wurde durch Vermittlung des Kulturdezernates der Stadt Düsseldorf zusammengestellt. Alle Literatur-Produzenten der in der Stadtbücherei geführten sog. Literatenkartei Düsseldorfer Schriftsteller wurden von uns angeschrieben und gebeten, am Versuch teilzunehmen.
Die für den Versuch schließlich ausgewählten 14 Versuchspersonen der Gruppe D waren durch ihre vorher eingereichten Produktionen ausgewiesen als nicht-experimentelle Literatur-Produzenten. In dieser Gruppe fanden sich Romanautoren und Lyriker, Kinderbuchautoren und Mitglieder des Werkkreises Literatur der Arbeitswelt.
Der Gruppentest und die Einzelgespräche verliefen ohne jede Störung genau nach den vorgegebenen Versuchsanweisungen.

3.1.4 Die letzte Gruppe von Versuchspersonen (im folgenden bezeichnet als B II) bestand aus 12 Studenten verschiedener Fakultäten der Universität Bielefeld, die sich bereits als Literatur-Produzenten ausgewiesen hatten und die für eine Aufwandsentschädigung von DM 50.- bereit waren, an den Testbatterien teilzunehmen. Auch bei dieser Gruppe verlief der Versuch störungsfrei.

3.2 Zur Versuchsauswertung

3.2.1 Die Versuchsauswertung fand in der Zeit von August 1978 bis Juni 1979 statt. Der Versuchsleiter wertete mit einer studentischen Hilfskraft zusammen den *I-S-T 70*, den *V-K-T*, Jägers *Dimensionen der Intelligenz*, den *WET* und das *FPI* aus. Die Salzburger Kollegen, F. Popp und A. Krefting, arbeiteten gemeinsam das *TAT*-Material und die Zeichnungen des *WZT* auf. Die endgültige Auswertung und Interpretation der gewonnenen Daten zog sich aus verschiedenen äußeren Gründen bis Oktober 1981 hin.
Die Formulierung der Projektergebnisse übernahm S. J. Schmidt in Zusammenarbeit mit R. Zobel. F. Popp hat seinen Teil des Projektberichtes selbst formuliert. Um eine gewisse Einheitlichkeit zu erzielen, sind zentrale Ausdrücke in Popps Bericht in die Terminologie der Empirischen Theorie der LITERATUR reformuliert worden, da diese dem Gesamtprojekt als theoretischer Rahmen zugrunde lag.

KAP. 4 TENDENZEN DER PROJEKTERGEBNISSE

4.0 Vorbemerkungen

4.0.1 In diesem Kapitel soll eine erste zusammenhängende Übersicht über die Ergebnisse unseres Projekts gegeben werden, um dem Leser die Orientierung in den in Kapitel 5 dokumentierten und näher interpretierten Einzeldaten zu erleichtern.

Von "Tendenzen" wird hier aus zwei Gründen gesprochen: Zum einen werden, wie gesagt, hier nur allgemeine Ergebnisse präsentiert; zum anderen lassen sich aus Gründen des Persönlichkeitsschutzes der befragten Schriftsteller u. E. keine Einzelfälle belegen und diskutieren sondern eben nur Gesamttendenzen, die sich innerhalb der drei Versuchspersonen-Gruppen erkennen lassen.
Der Ergebnisbericht gliedert sich, entsprechend der doppelten Aufgabenstellung dieses Bandes (cf. Kap. 1.2 und 1.3), in einen ersten Teil, in dem die Relevanz der Ergebnisse für die sechs Annahmen über Persönlichkeitsvariablen experimenteller Literatur-Produzenten diskutiert wird, sowie einen zweiten Teil, in dem unsere Ergebnisse mit denen F. Barrons verglichen werden, wie sie in Kapitel 1.3 zusammengestellt sind.
Da es sich aus den bisher genannten Gründen (Kleinheit der Gruppen, Persönlichkeitsschutz, Ausfall des Freiburger Persönlichkeitsinventars) bei der Darstellung und Interpretation der Ergebnisse lediglich um Tendenzen handelt, haben wir in der Regel keine Signifikanzangaben gemacht und nur starke Signifikanzen aufgeführt. Die parametrische bzw. nicht-parametrische Verteilung der Daten ist im versuchsüblichen Sinne berücksichtigt worden, auch wenn das im folgenden nicht eigens dargelegt wird.

4.1 Empirische Hinweise auf Persönlichkeitsvariablen experimenteller Literatur-Produzenten

4.1.0 Bei der folgenden Darstellung richten wir uns nach der Reihenfolge sowie der Formulierung der sechs Annahmen, die in Kapitel 1.2 unter A 1 bis A 6 formuliert worden sind.
Da wir uns bei der Ergebnisformulierung an die Sprache und die

Kategorienbildungen der Testkonstrukteure halten müssen, deren Kategorien aber nicht im Rahmen der Empirischen Theorie der LITERATUR rekonstruiert werden (was nicht Aufgabe dieses Bandes ist und sein kann) setzen wir Zitate aus der Testersprache in eckige Klammern (<< >>), um sie als zitierte Konstrukte zu kennzeichnen.
Um dem Leser ständiges Rückblättern zu ersparen, wird der Wortlaut der Annahmen jeweils wiederholt.

A1a: *Experimentelle Literatur-Produzenten zeigen signifikant häufiger als nicht-experimentelle Literatur-Produzenten oder auch als Aktanten in vergleichbaren (sog. kreativen) Berufen ein Persönlichkeitsmerkmal "hohe Intelligenz".*

A1b: *Experimentelle Literatur-Produzenten bevorzugen bei der poetologischen Begründung ihrer literarischen Handlungen das Konzept 'Rationalität' gegenüber anderen möglichen Konzepten.*

(1) Zu einer Stützung von *A1a* finden sich in Ergebnissen verschiedener Tests einschlägige Belege. So belegen z. B. die Zahlen des *Allport-Vernon-Lindzey-Tests*, daß experimentelle Literatur-Produzenten offensichtlich sehr interessiert sind an theoretischen Fragen. Sie weisen hohe Werte im Bereich <<Theorie>> auf, der ihre <<empirisch, kritisch, rationale>> Ausrichtung und ihre <<intellektualistischen Neigungen>> mißt:
B I : 53,1
D : 48,9
B II : 45,0,
im Vergleich zu 44,7 in der Gesamtbevölkerung. (Auch wenn man die drei Gruppen einmal insgesamt als "Schriftsteller" betrachtet, liegt der Mittelwert von $\bar{x}$ 49,0 über dem Wert für die Gesamtbevölkerung.)
Weiterhin können hier Ergebnisse des *Intelligenz-Struktur-Tests* herangezogen werden.
Die Auswertung der Intelligenztests (cf. Einzelheiten dazu in Kap. 5.2.1.1) ergab mit einer Differenz von 8 Punkten

Literatur-Produzenten.

- Die Ergebnisse des Thematischen Apperzeptionstests deutet Popp als Ausweis für ein hohes, emotionell bestimmtes Maß an Überzeugung von der eigenen Rationalität und Wissenschaftlichkeit, die poetologisch favorisiert wird. Nimmt man hinzu, daß nach dem *I-S-T* den Mitgliedern der Gruppe B I ein hohes Maß an Interesse an intellektuellen bzw. theoretischen Fragen zugewiesen werden kann, dann läßt sich vermuten, daß experimentelle Literatur-Produzenten aufgrund eines Persönlichkeitsmerkmals "hohe Intelligenz" sich auch poetologisch für rationalitätsorientierte Produktionsverfahren interessieren. Ihre Intelligenz setzt sie dabei in den Stand, sich (im Vergleich zum Status quo) innovative Zustände des LITERATUR-Systems denken und sich dafür mit Risikobereitschaft einsetzen zu können.[3]

Bei dieser Interpretation muß u. E. weiter berücksichtigt werden, daß man nicht in den Fehler verfallen sollte, Rationalität und Emotionalität als sich gegenseitig ausschließende Elemente zu betrachten, wie das in (leider nicht nur trivial gemeinten) Argumentationen immer wieder vorkommt. U. E. ist es kein Widerspruch, wenn sich jemand emotional engagiert für eine rational orientierte Alternative zu einem - lediglich aus Tradition und ungeprüftem Vorurteil - emotional geprägten LITERATUR-System. Jeder Teilnehmer an ernsthaften wissenschaftlichen Auseinandersetzungen hat wohl schon erlebt, wie leidenschaftlich Theorien konstruiert und ihre Rationalität reklamiert wird. Umsoweniger sollte es verwundern, wenn Literatur-Produzenten leidenschaftlich eine rationale Alternative zum Status quo imaginieren, erfinden und theoretisch wie praktisch durchzusetzen versuchen. Daß dazu Persönlichkeitsmerkmale wie "hohe Intelligenz" und engagierte Flexibilität (s. u.) gehören, dürfte intuitiv einleuchten. -

Damit kommen wir bereits in den Bereich der Annahmen *A2a* und *A2b*.

<u>*A2a:*</u> *Experimentelle Literatur-Produzenten haben persön-*

lich ein konflikthaftes Verhältnis zur Emotion, Sinnlichkeit, bildlicher Phantasie u. ä.

A2b: *Experimentelle Literatur-Produzenten lehnen bei der poetologischen Begründung ihrer Literarischen Handlungen die in nicht-experimentellen Poetiken positiv bewerteten Kategorien wie z. B. Emotion, Sinnlichkeit, bildliche Phantasie ab.*

(1) Aus F. Popps Ergebnissen lassen sich zur Prüfung dieser Annahmen folgende Aussagen heranziehen: Popp betont, daß sich die drei untersuchten Gruppen "... hinsichtlich ihrer gefühlsmäßigen und "sinnlich-triebhaften" Persönlichkeitseigenheiten nicht grundsätzlich voneinander unterscheiden, wohl aber in ihrer Selbsteinschätzung hinsichtlich des Primats seiner rationalen Steuerung des Verhaltens und der künstlerischen Produktivität."
Diese Feststellung weist u. E. auf eine *intentionale*, poetologisch motivierte Abwertung von Emotionen hin (wie sie traditionell zum Argumentationsarsenal etwa der Konkreten Kunst gehört). Wie Popp betont, fehlt es experimentellen Literatur-Produzenten weder an emotionalem Engagement als Antriebselement ihrer künstlerischen Aktivität noch etwa - wie der *I-S-T* belegt (cf. Kap. 5.2) - an besonderen Stärken in den Bereichen <<anschaulich-ganzheitliches Denken>> und <<gestaltend-konstruktive Fähigkeiten>>. Aber Emotionalität und Anschaulichkeit werden - offensichtlich aus poetologischen Gründen - nicht bzw. nicht in der von nicht-experimenteller Literaturproduktion gewohnten Weise "im Werk" dokumentiert.
Hinter dieser intentionalen Ab- bzw. Umwertung von Emotion, Sinnlichkeit und bildlicher Phantasie steht nach Popp aber auch ein persönliches Problem; denn er hält die Hypothese für erhärtbar, "... daß es sich [bei den experimentellen Literatur-Produzenten] um eine mehr oder weniger konflikthaft abgewehrte Emotionalität, Sinnlichkeit und bildhafte Phantasie handeln könnte, die zumindest partiell und zentral diese Art der künstlerischen Produktivität determi-

niert." (cf. Kap. 6)[4]
Auch bei der Diskussion der Ergebnisse darf man nicht in den Fehler verfallen, die verschiedenen Bereiche des Redens von Emotionalität unterschiedslos gleichzusetzen. Zunächst einmal muß man wohl Emotionalität (verstanden als Name für ein Konzept von Teilmerkmalen) als charakterologisches Merkmal und Emotionalität als ästhetisch relevante Kategorie im LITERATUR-System voneinander unterscheiden. Erst dann könnte genauer untersucht werden, ob und welcher Zusammenhang besteht zwischen (dem Vorhandensein bzw. dem Fehlen von) Emotionalität als Persönlichkeitsmerkmal und dem Einfluß dieses Merkmals auf die - theoretisch vermittelte - intentionale Favorisierung von Emotionalität als ästhetische Kategorie. Dazu reichen unsere Tests bei weitem nicht aus - wir können bestenfalls Tendenzen plausibilisieren - aber dies eben doch mit einiger Sicherheit.

(2) Wie in Kapitel 3.1 dargestellt, konnte für die Gruppe der experimentellen Literatur-Produzenten (B I) bei der Datenerhebung zu unserem großen Bedauern das *Freiburger Persönlichkeitsinventar* nicht mehr erhoben werden. Dadurch fehlen uns gerade in diesem schwierigen und interessanten Bereich Ergebnisse, die zur Korrektur bzw. zur Erweiterung der projektiven Testergebnisse herangezogen werden könnten. Ergebnisse liegen lediglich vor für die Gruppen D und B II, bei denen sich als hier einschlägiger Wert z. B. <<eher emotional labil als stabil>> als charakteristisch herausgestellt hat. - Auf diese Ergebnisse gehen wir bei der Diskussion von A 5 näher ein.

A3: *Experimentelle Literatur-Produzenten sind grundsätzlich - auch über längere Zeit hinweg - motiviert, von den Erwartungen der Mehrzahl der Aktanten im LITERATUR-System an Literarische Kommunikation sowie Formen und Normen Literarischer Kommunikation abzuweichen. Sie verfügen über eine ausgeprägte Innovationsbereitschaft.*

Bei der Diskussion dieser Annahme verweisen die gewonnenen Ergebnisse ebenso wie theoretische Überlegungen darauf, daß der

Zusammenhang zwischen Konzeption wie 'Innovation', 'Originalität', 'Kreativität' oder 'Flexibilität' sehr viel genauer geklärt werden muß, als das bis heute der Fall ist. Daher kommt den Darlegungen dieses Abschnitts ebenfalls nur ein heuristischer Wert für künftige detailliertere Forschungen zu.

(1) Wenn man einmal davon ausgeht, daß die untersuchten experimentellen Literatur-Produzenten sich nicht nur einbilden, innovativ zu sein, sondern es - zumindest nach dem Urteil einiger renommierter Literaturkritiker - auch tatsächlich (gewesen) sind, dann kann, wie unsere Testergebnisse zeigen, Innovation bzw. Innovationsbereitschaft nicht einfach mit dem Konstrukt von Kreativität gleichgesetzt werden, wie es Schoppe und Jäger entwickelt haben. Denn sowohl hinsichtlich der Jägerschen Dimensionen <<Einfallsreichtum>> und <<Produktivität>> als auch bezüglich Schoppes <<Kreativitätsindex>> läßt sich eine deutliche Schwäche der experimentellen Literatur-Produzenten gegenüber den beiden anderen untersuchten Gruppen D und B II konstatieren: Im *Verbalen Kreativitätstest VKT* erreichten: B I: 104; D: 110 und B II: 110.

Bei der Deutung dieser überraschenden Ergebnisse muß u. E. berücksichtigt werden, was uns N. Groeben wie folgt brieflich mitgeteilt hat: "Mit dem VKT bin ich nachträglich [nach Zusammenstellen der Testbatterie] auch schon vor Kenntnis Ihrer Daten gar nicht mehr glücklich gewesen. Ich habe nämlich auch in anderen Forschungskontexten Daten kennengelernt, die darauf hinweisen, daß der VKT durch die Zeitbegrenzung doch eine sehr viel stärkere Speed-Komponente enthält, als ich das damals dachte (und voraussehen konnte, weil der Test da gerade erschienen war). Heißt praktisch: m. E. kann man die inkohärenten, erwartungswidrigen Ergebnisse zur Kreativität der B I-Gruppe relativ begründet auf diese Speed-Komponente zurückführen. Gerade die experimentellen Literatur-Produzenten dürften nämlich eine zeitlich eher unbegrenzte Kreativität, Umgehensweise mit Kreativität erfordernden Problemen (z. B. literarischen) gewohnt sein und entwickelt haben. Deswegen haben sie u. U. die 'falsche' Einstellung zu den VKT-Aufgaben und schneiden deswegen schlechter ab als die anderen Vpn, für die auch Kreativität eventuell durchaus ein Leistungsproblem im Sinne von Arbeit in der Zeit und damit ein zumindest partielles Speed-Problem ist. Soll heißen: die reine power-Komponente, auf die aber die Hypothese abzielt, wird eben vom VKT mit seiner fast ausschließlichen Beschränkung auf die Speed-Komponente nicht gemessen!"

(2) Innovation verstanden als Abweichen oder Durchbrechen von Erwartungen an Literatur-Produzenten im LITERATUR-System hängt nach unseren Ergebnissen dagegen deutlich zusammen mit der Kategorie 'Flexibilität'.

So zeigen die Ergebnisse des *I-S-T 70* in der Dimension <<Festigung versus Flexibilität im Denken>> einen deutlich höheren Grad an Flexibilität (relativ zum Alter der Versuchspersonen) bei den experimentellen Literatur-Produzenten im Verhältnis zu den anderen Gruppen:

I-S-T 70: B I : -7.3
D : +1
B II : +3,3

Die Innovationsbereitschaft der experimentellen Literatur-Produzenten hängt also offenbar zusammen mit ihrer hohen Flexibilität.

(3) Die aus literatursoziologischen Arbeiten (cf. H. Ragotsky, 1976) übernommene Annahme, mit der innovationsbereiten Haltung der experimentellen Literatur-Produzenten sei in aller Regel eine schwächere Sozialbindung verbunden, wird zumindest gestützt durch Ergebnisse des *Allport-Vernon-Lindzey*-Tests. Dort zeigt sich, daß zumindest die Wert*einstellung* zum Bereich des <<Sozialen>> bei den experimentellen Literatur-Produzenten auffällig schwach ausgeprägt ist, was u. E. doch Rückschlüsse auch auf ihre soziale Bindung zuläßt:

<<Sozialbereich>>
B I : 34,2
D : 47,2
B II : 45,1
Bevölkerungsdurchschnitt: 40,3.

Die Vergleichsgruppen D und B II liegen im sozialen Einstellungsbereich wesentlich höher als der Bevölkerungsdurchschnitt, dieser wiederum unterscheidet sich signifikant (auf dem 5 %-Niveau) von den experimentellen Literatur-Produzenten.

<u>*A4:*</u> *Experimentelle Literatur-Produzenten sind motiviert, das mit Erwartungsabweichungen verbundene Risiko der Ablehnung, des sozialen und ökonomischen Mißerfolgs auch über längere Zeiträume hinweg zu tragen. Sie sind risikobereit.*

(1) Reduziert man *A4* auf den Wertbereich <<ökonomischer>> Einstellungen i. w. S., dann liefert der *Allport-Vernon-Lindzey*-Test durchaus einen stützenden Beleg: Die Grundeinstellung der Gruppe der experimentellen Literatur-Produzenten zu ökonomischen Fragen liegt mit 31,7 deutlich unter dem Wert für den Bevölkerungsdurchschnitt (41,1).
Ökonomische Werte scheinen aber nicht nur für experimentelle Literatur-Produzenten eine untergeordnete Rolle zu spielen. Das belegen zum einen die Ergebnisse der Vergleichsgruppen (D: 30,4; B II: 33); zum anderen die Ergebnisse Barrons, der gefunden hat, daß für alle <<kreativen>> Menschen ökonomische Werte eine geringe Bedeutung haben.

(2) Aus Barrons Untersuchungen kann man entnehmen, daß <<kreative Schriftsteller>> hochgradig risiko- und verzichtbereit sind, daß sie andererseits hochmotiviert sind. Eine auffällig hohe Motivation von experimentellen Literatur-Produzenten ermittelt auch F. Popp bei der Auswertung des *TAT*. Popp legt Wert darauf festzuhalten, "... daß es sich bei den künstlerischen Aktivitäten experimenteller Literaten um einen derart hochmotivierten Prozeß außergewöhnlicher Verhaltensweisen handelt, der einem nicht nur angesichts des in Kauf genommenen Verzichts auf selbstverständliche Bequemlichkeit Achtung abnötigt." (Kap. 6)

<u>*A5:*</u> *Nach der in Kap. 1.1.2.1 zugrundegelegten Identitätstheorie sind experimentelle Literatur-Produzenten aufgrund des erhöhten Risikos durch Erwartungsabweichung*

> *Legitimationsproblemen für ihre soziale Rolle im LITERATUR-System und für ihre Identitätsbalancierung ausgesetzt. Da experimentelle Literatur-Produzenten trotz mangelnder oder ganz ausbleibender Anerkennung über längere Zeiträume hinweg experimentell arbeiten, verfügen sie über hohe psychische Widerstandsfähigkeit.*

Zur Diskussion dieser Annahme für die Gruppe der experimentellen Literatur-Produzenten fehlen bedauerlicherweise wieder die Testergebnisse aus dem *Freiburger Persönlichkeitsinventar FPI*. So bleibt uns nur die Möglichkeit, etwas über die beiden Vergleichsgruppen D und B II zu sagen, wobei wir von Barrons Hypothesen über <<kreative Schriftsteller>> ausgehen.

(1) Wie in Kapitel 1.3.2 referiert, hatte Barron mit Hilfe des *Minnesota Multiphasic Personality Inventory* und des *California Psychological Inventory*, die beide Persönlichkeitsmerkmale messen, eine unübliche Kombination hoher Werte auf den pathologischen Indizes mit hohen Durchschnittswerten für <<Ich-Stärke>> ermittelt; und er hatte diesen Befund interpretiert als tatsächlich hohe psychische Belastung und zugleich als besondere psychische Belastbarkeit der <<kreativen Schriftsteller>>.

Aus den Ergebnissen des *FPI* für die Gruppen D und B II läßt sich nun wohl die hohe psychische Belastung bis Gefährdung, nicht aber der u. E. zur Belastbarkeit korrelative Wert der <<Ich-Stärke>> erheben. Die Mitglieder aus den Versuchsgruppen D und B II sind:

<<eher emotional labil statt stabil
eher depressiv
eher irritierbar und zögernd
eher stark nachgiebig und gemäßigt als aggressiv oder dominantstrebend
eher weiblich in ihrer Selbstschilderung als maskulin>>.

Bei diesen Ergebnissen muß allerdings berücksichtigt werden, daß es sich in Gruppe B II um Studenten handelt; für diese Versuchspersonen-Gruppe hat aber auch Barron keine ausgeprägte <<Ich-Stärke>> sondern eher erhöhte Identitätskonflikte festgestellt. Gleichwohl bleibt bemerkenswert, daß sich die Mitglieder der Gruppe D nicht merklich von den studentischen Literatur-Produzenten unterscheiden.

(2) Aus den Untersuchungen der drei Gruppen mit dem *WZT* und dem *TAT* lassen sich - nach Popp (cf. Kap. 6) - keine völlig eindeutigen und signifikanten Ergebnisse erheben. Einschlägig könnten hier lediglich Popps Beobachtungen sein, "... daß es sich bei den künstlerischen Aktivitäten experimenteller Literatur-Produzenten in jedem Fall um einen [...] hochmotivierten Prozeß außergewöhnlicher Verhaltensweisen handelt", sowie daß die Gruppe experimenteller Literatur-Produzenten einen starken und lang anhaltenden Kräfteeinsatz für ihre literarische Produktion aufbringt.

A6: *Experimentelle Literatur-Produzenten dokumentieren ein Einstellungssystem, in dem ästhetische Werte noch eindeutiger als bei anderen Literatur-Produzenten vor ökonomischen und auch vor sozialen Werten rangieren. Diese Werthierarchisierung dokumentiert sich in der Bewältigung von Ablehnung und Mißerfolg ebenso wie in dem dominant literaturimmanenten Interesse, das Innovation als primär relevant für die Entwicklung des LITERATUR-Systems ansieht.*

Der *Allport-Vernon-Lindzey-Test* deckt weitgehend die Annahmen in A6. Experimentelle Literatur-Produzenten weisen im Wertbereich <<Ästhetik>> deutlich höhere Werte aus als die Normalbevölkerung; auch im Vergleich zu den Gruppen D und B II liegen die Werte höher:

B I : 55
D : 50,9
B II : 50,7
Bevölkerungsdurchschnitt: 42,3.

4.1.1 Die bisher referierten Ergebnisse weisen aus, daß bei Literatur-Produzenten, vor allem bei experimentellen, Persönlichkeitsmerkmale bzw. Verhaltensweisen beobachtet werden, die als widersprüchlich, ungewohnt, irritierend oder gar als paradox erscheinen (cf. etwa auch die in Kap. 4.2.1

(10) von Barron berichtete Divergenz von Psychopathologie- und Ich-Stärke-Werten von Schriftstellern)). Die Erklärung solcher Phänomene bereitet Schwierigkeiten. Diese Schwierigkeiten lassen sich u. E. entscheidend verringern, wenn man mit Kreativitätstheorien arbeiten kann, die kreative Personen geradezu als paradoxale Persönlichkeiten bestimmen. N. Groeben berichtet von einer Studie W. E. McMullens ("Creative Individuals: Paradoxical personages." in: Journal of Creative Behavior, 1976, 10 (4), 265-275), in der dieser die bisherige Kreativitätsforschung auf acht als zentral angesehene Polaritäten der kreativen Persönlichkeit konzentriert:

"1. Delayed closure: Verbindung der Offenheit, des Undogmatismus und der Bevorzugung von Komplexität mit der Fähigkeit zur Elaboration, zur Schließung unvollständiger oder partiell unstrukturierter Konzepte, Probleme usw.

2. Converging divergence: Fähigkeit, sowohl vertikal als auch horizontal zu denken, Interaktion von konvergierenden und divergierenden (sensu GUILFORD) Denkprozessen.

3. Mindless perception: die Fähigkeit, sich selbst (die eigene Geschichte und Vergangenheit) im Erleben des Moments in der Wahrnehmung zu verlieren und gleichzeitig ein hochintellektuelles, strukturiertes Verstehen zu leisten. Der Durchbruch des Unbewußten (mindless awareness) ins Bewußte (mindful understanding).

4. Constructive discontent: die Synthese von kritisch-destruktiver Haltung (bis zur Anarchie) und der Fähigkeit zu konstruktiver Problemlösung. Kreativität ist der Mut zur Konstruktivität auf der Basis von Unzufriedenheit, ja Verzweiflung (MAY, 1975).

5. Detached involvement: Die Intensität des emotionalen Engagements (autonome Motivation) am Problem, der Fragestellung usw. führt nicht zu dogmatischer Geschlossenheit des Kognitionssystems, sondern wird korrigiert durch die Offenheit ermöglichende Distanziertheit, Objektivität, Gleichgültigkeit. Kreativität bedeutet die freie, ungebundene, überlegene Kognition in Integration mit der engagierten, bindenden Energie der ekstatisch intensiven Emotion: <<It may well be that reason works best in the state of ecsta-

sy>> (MAY, 1975).

6. Disinterested selfishness: die Verbindung von starker Egozentrizität mit intensiv altruistischer Haltung ist eine der widersprüchlichsten Synthesen des selbstaktualisierenden kreativen Individuums (MASLOW, 1968).
7. Confident humility: die Neuheit kreativer Problemsichten, -lösungen usw. ist kognitiv und emotional nur auf der Basis eines starken Selbstvertrauens oder Selbstbewußtseins zu erreichen und zu verteidigen, gleichzeitig aber ist die Fähigkeit zum Generieren von Neuem nur durch Selbstkritik und Selbstzweifel aufrechtzuerhalten. Kreativität bedeutet die Maximierung von Selbstvertrauen und Selbstzweifel: gleichzeitig und integriert!
8. Related attention: der kreative Prozeß erfordert gleichermaßen Entspanntheit (für die Assoziationsflüssigkeit, Illuminationsphase usw.) als auch volle Konzentration auf die Problemstruktur, Lösungsmöglichkeit (und -ausarbeitung)."

(Groeben, 1981:109)

Groeben kommentiert McMullen dahingehend, daß sein Modell die Zusammengehörigkeit entgegengesetzter Persönlichkeitszüge betont: "Die Entgegensetzung, die darin besteht, daß normalerweise bei der Steigerung des einen Pols der andere minimiert wird, wird aufgehoben in eine Gleichläufigkeit, insofern als beide polaren Persönlichkeitszüge gesteigert werden (können)." (a.a.O.)

4.2 Vergleich unserer Projektergebnisse mit den Ergebnissen F. Barrons

4.2.1 Um die Orientierung in der folgenden vergleichenden Diskussion zu erleichtern, haben wir die Barronschen Hypothesen unter kurze Überschriften geordnet und durchnumeriert. Die Reihenfolge orientiert sich an der Abfolge der Hypothesen in Kapitel 1.3.2.

(1) Hohes Maß an intellektuellen Fähigkeiten

Wie schon in Kapitel 4.1.1 dargelegt, lassen sich für die von uns untersuchten experimentellen Literatur-Produzenten zwar keine exzeptionellen aber doch - im Vergleich zur

Gruppe der nicht-experimentellen Literatur-Produzenten und zum Bevölkerungsdurchschnitt - hohe Intelligenzwerte feststellen. Sicher liegen die IQ-Werte (mit 110 - 117) im oberen Bereich des Bevölkerungsdurchschnitts; aber exzeptionelle Werte ergaben sich in unserer Untersuchung nur für Teildimensionen des Konzepts 'Intelligenz'.

(2) Starkes Interesse an intellektuellen und kognitiven Themen

Hier liefern die Ergebnisse des Werteinstellungstests eine deutliche Bestätigung der Barronschen Befunde (s. o. Kap. 4.1.1).

(3) Hohe Einschätzung der eigenen Unabhängigkeit und Autonomie

In dem von uns verwendeten Testverfahren gab es kein Konstrukt, was direkten Aufschluß zu diesem Aspekt liefern könnte. Bestenfalls ließen sich Rückschlüsse aus dem Nachweis anderer Besonderheiten der Persönlichkeit von Literatur-Produzenten, wie etwa ihre hohe Flexibilität und Innovationsbereitschaft ziehen. Vielleicht kann man Popps Beobachtung verallgemeinern, daß die meisten Versuchspersonen darunter leiden, daß sie aus Gründen der Existenzsicherung fremdbestimmte Arbeit und die damit verbundenen Arbeitsbedingungen akzeptieren müssen.

(4) Gute Formulierungsfähigkeit

Eindeutigere Aufschlüsse liefert unser Datenmaterial zu der Barronschen Beobachtung, daß <<kreative Schriftsteller>> flüssig formulieren und ihre Gedanken gut ausdrücken können. So zeigen die experimentellen Literatur-Produzenten hohe Werte beim Faktor <<Einfallsraschheit/Äußerungstendenz>> des *Verbalen Kreativitätstests VKT:*

B I : 116
D : 106
B II : 104

Nur etwa 5 % der übrigen Bevölkerung erreichten ähnlich hohe Werte wie die experimentellen Literatur-Produzenten.

Nicht ganz so deutlich fällt das Ergebnis hinsichtlich der Kategorie <<syntaktisch gewandte Mitteilungsform>> aus:

B I : 110,5

D : 117

B II : 116

Damit liegen alle Versuchspersonen unserer Versuchsgruppen in einem Bereich, den nur ca. 10 % der übrigen Bevölkerung erreichen.

(5) Genuß ästhetischer Eindrücke und Reaktion darauf

Wie schon erwähnt zeigen hier alle Versuchspersonen im *Allport-Vernon-Lindzey-Test* hohe Werte. Nimmt man die gleichlautenden Befunde Barrons hinzu, so läßt sich vielleicht verallgemeinern, daß alle Schriftsteller hier bezeichnende Stärken aufweisen.
Betrachtet man die Eigenschaften, die auf der Barronschen Einschätzungsskala die weiteren Plätze einnehmen (Kap. 1.3. 2), dann lassen sich zu einigen von ihnen aus unserer Sicht folgende Kommentare liefern:

(5a) Ist produktiv

Hier gibt es in den von uns verwendeten Testverfahren von Schoppe und Jäger zwar ähnlich klingende Konstrukte; aber die Ergebnisse liegen so weit auseinander, daß man wohl eine Divergenz der Kategorie <<Produktivität>> bei Barron (bzw. in den von ihm verwendeten Testinstrumenten) und bei Schoppe und Jäger vermuten muß; denn sowohl in der Jägerschen Dimension <<Einfallsreichtum und Produktivität>> als auch in der Schoppeschen Dimension <<Produzieren lustiger Einfälle>> gab es auffällig höhere Werte bei den Literatur-Produzenten als beim Durchschnitt der Bevölkerung.

(5b) Beschäftigt sich mit philosophischen Problemen

Diese Beobachtung Barrons wird durch unsere Werteinstellungs-Testergebnisse empirisch gestützt: Nimmt man die drei Gruppen einmal zusammen, dann erreichen sie den Wert $\bar{x}$ 49,0, während für den Bevölkerungsdurchschnitt ein Wert von 44,7 festzustellen ist.

(5c) Denkt unkonventionell

Die Auswertung der Schoppeschen Subdimensionen <<ungewöhnliche sprachliche Verwendungsarten>>, <<utopische Situa-

tionen>> und <<Produktion lustiger Einfälle>> ergibt - nimmt man unsere drei Gruppen wieder zusammen - einen Wert von $\bar{x}$ 109,66, der sonst in der Bevölkerung nur von ca. 15 % erreicht wird. Auch hier liefern unsere Ergebnisse also eine gewisse Bestätigung der Befunde Barrons.

Mit diesen Annahmen hängen auch die beiden weiteren von Barron empirisch erhobenen Charakteristika <<kreativer Schriftsteller>> eng zusammen:

(6) Große Originalität und (7) Phantasie

Neben unseren Antworten auf (5a) und (5c) sind u. E. hier die Werte einschlägig, die Schoppes <<Kreativitätsindex>> zu ermitteln erlaubt. Unsere drei Versuchspersonen-Gruppen erreichten zusammen einen Wert von $\bar{x}$ = 108. Dieser Wert wird sonst nur noch von ca. 20 % der Bevölkerung erreicht.

Genauere Aufschlüsse setzen voraus, daß zuvor theoretisch die inhaltliche Bestimmung und Abgrenzung dieser hochproblematischen Kategorie geleistet wird. Darauf verweist auch F. Popp, der bei seinen Untersuchungen mit dem *WZT* und dem *TAT* hier keine interpretierbaren Ergebnisse ermitteln konnte (cf. Kap. 6).

(8) Hohe Flexibilität

Wie bereits in Kapitel 4.1.3 dargestellt, läßt sich für die Gruppe der experimentellen Literatur-Produzenten ein hohes Maß an Flexibilität empirisch nachweisen, während die Mitglieder der Gruppen D und B II relativ zu ihrem Alter eher ein stabiles Maß an Festigkeit im Denken erkennen lassen. Von daher gesehen korrelieren experimentelle Literatur-Produzenten eher mit Barrons <<creative writers>> als mit den Mitgliedern der Gruppen D und B II. (Einzelanalysen finden sich in Kap. 5)

(9) Gesellschaftlich gewandt

Eine Überprüfung dieses von Barron erhobenen Persönlichkeitsmerkmals <<kreativer Schriftsteller>> war in unserem Versuchsrahmen nur mit dem *Freiburger Persönlichkeitsinventar FPI* möglich. Da mit diesem Testverfahren nur die

Merkmale der Gruppen D und B II erhoben werden konnten, müssen wir uns im Vergleich mit Barron darauf beschränken.

Nach unseren Befunden sind die Mitglieder von D und B II zwar als <<eher gesellig, lebhaft>> einzustufen; aber es fehlt ihnen das Moment des Gewandten. Stattdessen erwiesen sie sich als <<eher zögernd, gehemmt>>.
Inwieweit hier kulturelle und gesellschaftliche Unterschiede zwischen den USA und der Bundesrepublik hineinspielen, läßt sich nach dem Stand der Dinge nicht beurteilen.

(10) Pathologische Indizes versus Ich-Stärke

Wie bereits in Kapitel 4.1.5 ausgeführt lassen sich bei den Mitgliedern der Gruppen D und B II psychopathologische Abweichungen durchaus nachweisen, <<Ich-Stärke>> aber nicht (die Daten des *FPI* für die Gruppe B I fehlen ja leider).
Für alle drei Gruppen stellt Popp (Kap. 6) aus seiner Sicht folgende Diagnose: "Gemessen an dem Grad der durch den TAT und WZT abschätzbaren Identitätsstörungen [...] fällt mehr die Häufigkeit der neurotischen Stigmatisierung der Gesamtheit der Untersuchten als die Unterschiedlichkeit der Untersuchungsgruppen hinsichtlich dieses Merkmals auf."

(11) Hoher Motivationsgrad

Diese Hypothese Barrons stimmt genau überein mit den Auswertungen der Poppschen Befunde: Experimentelle Literatur-Produzenten erweisen sich als hochmotiviert. Inwiefern man Barrons Hypothese folgen kann, daß diese hohe Motivation in Zusammenhang gebracht werden kann mit dem Bewußtsein einer <<Berufung>> bei <<kreativen Schriftstellern>>, können wir nicht entscheiden. Intuitiv meinen wir aber, daß hier ein traditionelles Klischee des bürgerlichen LITERATUR-Systems von Barron unbesehen benutzt wird. Sicher wird man hier auch Differenzen zwischen US-amerikanischen <<kreativen Schriftstellern>> und deutschen experimentellen Literatur-Produzenten ansetzen müssen, die aus einer unterschiedlichen Einstellung experimenteller Literatur-Produzenten zu den Erwartungen und Normen des bürgerlichen LITERATUR-Systems resultieren.

(12) Ökonomische Werte sekundär

Diese Annahme Barrons wird durch unsere *Allport-Vernon-Lindzey*-Testergebnisse deutlich empirisch bestätigt.

(13) Eher introvertiert, fühlend, intuitiv

Für die Gruppen D und B II, für die die Untersuchung mit dem *FPI* vergleichbare Daten erhoben hat, ergibt sich hier keine Übereinstimmung: Die Mitglieder von D und B II erwiesen sich als <<eher extrovertiert>>. Auch der *TAT* und der *WZT* ergaben hier keine eindeutig interpretierbaren Ergebnisse, sieht man davon ab, daß Popp experimentelle Literatur-Produzenten eindeutig nicht für extrovertiert hält.

(14) Bevorzugung philosophischer Themen

Zu diesem Aspekt liefern weder die von uns verwendeten Testverfahren noch die Ergebnisse F. Popps einschlägige Ergebnisse.

Anmerkungen zu Kapitel 4

1 In IQ-Werten ausgedrückt:
B I: 112; D: 104; B II: 113,67.
Das Verhältnis B I : B II muß dahingehend interpretiert werden, daß es sich bei B II um Versuchspersonen im akademischen Training handelt, die aufgrund von Schulbildung und Studium zu intellektuell besonders qualifizierten Eliten gehören (bzw. zumindest gehören können und sollen).

2 Mit aller Vorsicht möchten wir zu dieser Interpretation Popps kritisch anmerken, daß die Entschiedenheit seiner Interpretation offenbar von bestimmten eigenen poetologischen Erwartungen beeinflußt ist, die Popp selbst nicht wieder kritisch thematisiert.

3 Bei seiner Interpretation der Testergebnisse läßt F. Popp zumindest offen, ob experimentelle Literatur-Produzenten das Konzept 'Rationalität' nur formal nicht aber inhaltlich verfolgen. Dagegen möchten wir an dieser Stelle betonen, daß auch ein - möglicherweise nur formal motivierter - Umgang mit Konzepten "rationaler Poetiken" hohe intellektuelle Anstrengungen erfordert, die bei hohen Werten des *I-S-T* sicher leichter zu erbringen sind als bei niedrigen.

4 In Folgestudien, die durchaus als Fallstudien zu einzelnen experimentellen Literatur-Produzenten angelegt sein können, sollte die Frage der <<konflikthaft abgewehrten Emotionalität>> weiterverfolgt werden. Dazu können aus sozialpsychologischen Theorien etwa zur Devianz oder entsprechenden gruppensoziologischen Außenseiter-Theorien vermutlich akzeptable Hypothesen entwickelt werden.

KAP. 5 DETAILERGEBNISSE UND INTERPRETATIONEN

5.0 Vorbemerkungen

5.0.1 Bei der folgenden Darstellung und Interpretation von Detailergebnissen ist zu berücksichtigen, daß wegen der kleinen Anzahl von Versuchspersonen in den drei Versuchsgruppen nur wenige Gruppenunterschiede *statistisch* signifikant sein können. Aber die sogenannten sozialpsychologischen Tests bieten gleichwohl eine Reihe von Interpretationsmöglichkeiten, die zumindest deutliche Hinweise auf gruppen*spezifische* Verhaltensweisen und Einstellungen ergeben.
An dieser Stelle sei noch einmal darauf hingewiesen, daß wir die Interpretationen sämtlicher hier vorgelegter Ergebnisse im Rahmen der jeweiligen Testtheorie und ihrer Konstrukte vornehmen müssen, um die mit den Tests angestrebten Charakterisierungen der Versuchspersonen durch die theoretischen Konstrukte vergleichen zu können. Daß manche dieser Konstrukte (auch nach Aussage der Testkonstrukteure selbst) noch problematisch sind bzw. lediglich als erste heuristische Ansätze betrachtet werden (etwa von Schoppe, Jäger oder Fahrenberg et al.) ist ein verfahrensinternes Problem, das hier nicht näher behandelt werden kann.

5.1 Zu den Ergebnissen des Allport-Vernon-Lindzey-Werteinstellungstests (WET)

5.1.1 In vier Werteinstellungs-Bereichen ergaben sich signifikante Unterschiede zwischen den drei Versuchspersonen-Gruppen und dem Bevölkerungsdurchschnitt (dokumentiert in D. Hintzenberg et al., 1980:46) zum Zeitpunkt der Versuchsdurchführung (1978); und zwar in den Bereichen <<Theorie>>, <<Ökonomie>>, <<Ästhetik>> und <<Politik>>. Die Unterschiede sind statistisch signifikant auf dem 5 %-Niveau.
Würde man diese Befunde aber vorschnell verallgemeinern, käme man u. E. zu verzerrenden Annahmen; denn eine Einzelanalyse des Ergebnisses zum Wertbereich <<Theorie>> zeigt (cf. Abb. 1), daß die Gruppe B II sich ebenso wie D durchaus nicht signifi-

WERTEINSTELLUNGSTEST

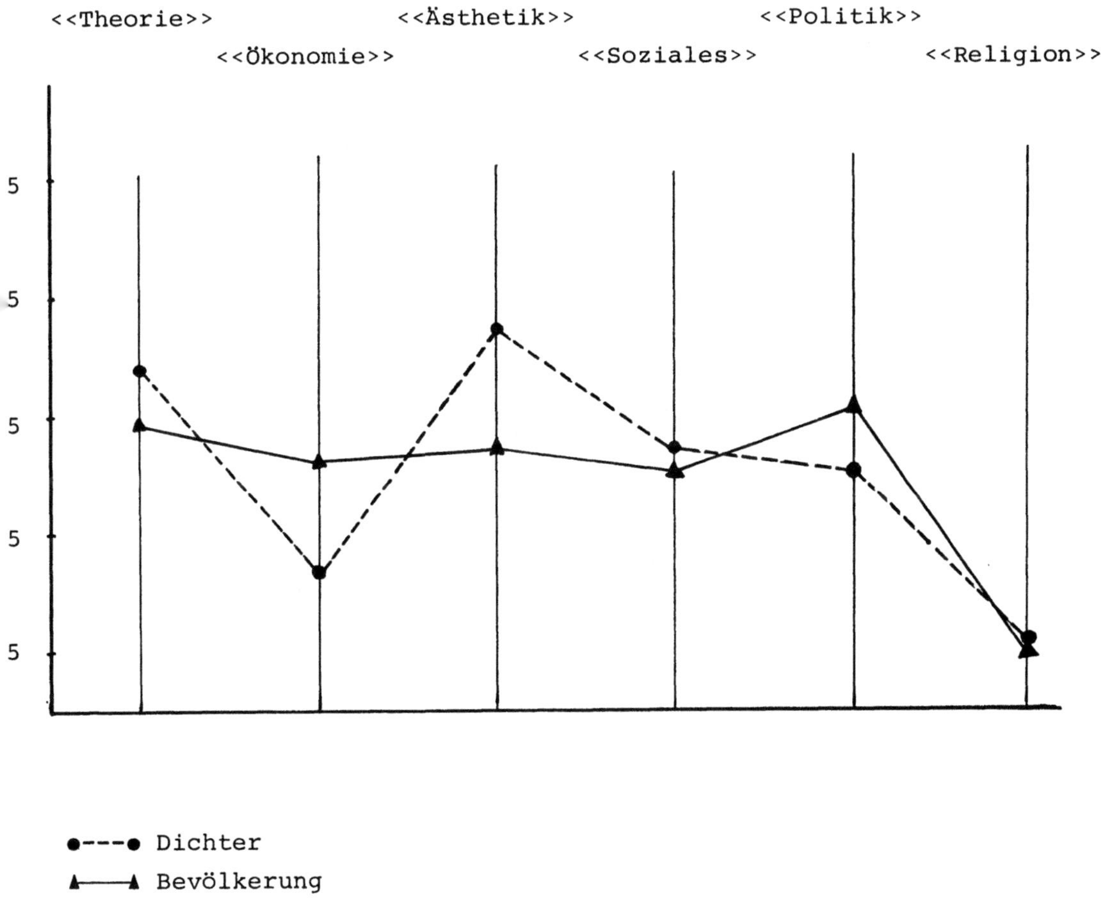

Abb. 1

kant vom Bevölkerungsdurchschnitt unterscheidet. Die Signifikanz der Gesamtgruppe Literatur-Produzenten entsteht lediglich dadurch, daß die Gruppe B I im <<Theorie>>-Bereich sich signifikant von allen anderen absetzt und damit den Punktwert für die Gruppe der Literatur-Produzenten insgesamt beeinflußt.
Dieser Vorbehalt trifft nicht für die Signifikanzen in den drei anderen Bereichen zu: bezüglich <<Ästhetik>>, <<Ökonomie>> und <<Politik>> haben alle Literatur-Produzenten signifikant höhere Einstellungswerte als der Durchschnitt der Bevölkerung. Eindeutig ist bei den Literatur-Produzenten die signifikant niedrigere Bewertung <<ökonomischer>> Fragen (s. o. Kap. 4). Berücksichtigt man, daß nach Spranger im Wertbereich 'Politik' die Ausrichtung auf politische Macht, tendenziell im Sinne von Machiavellismus erhoben werden soll, dann überrascht es u. E. keineswegs, daß die Literatur-Produzenten hier im Vergleich zum Bevölkerungsdurchschnitt signifikant geringer interessiert sind.
Auch die beiden Wertbereiche <<Soziales>> und <<Religion>> weisen interessante Befunde auf: Während sich der Durchschnitt aller Literatur-Produzenten in beiden Bereichen nicht von dem der Bevölkerung unterscheidet, kann man einen auf dem 5 %-Niveau signifikanten Unterschied zwischen den drei Gruppen in ihrer Einstellung zum Wertbereich <<Soziales>> feststellen. Die Gruppe B I bewertet <<Soziales>> signifikant geringer als die Gruppen D und B II. In der niedrigen Werteinschätzung des <<Religions>>-Bereichs gleichen sich alle drei Gruppen untereinander und in bezug auf den Bevölkerungsdurchschnitt.
Hierbei ist zu berücksichtigen, daß sich im Zeitraum zwischen der Versuchsdurchführung (1978) und dem Erscheinen der Ergebnisse (1981/82) durchaus Trendveränderungen ergeben haben können, die u. E. vor allem den Bereich <<Religion>> betreffen dürften, wo wir einen Anstieg des Interesses vermuten. (Abb. 2)

5.2 Zu Ergebnissen des Intelligenz-Struktur-Tests (I-S-T 70)

5.2.1 Um die Nachvollziehbarkeit der Ergebnisse, die mit dem *I-S-T* ermittelt wurden zu erleichtern, zitieren wir im folgenden die Beschreibung der Aufgabengruppen, die R. Amthauer (^{4}1973:39) selbst liefert:

WERTEINSTELLUNGSTEST

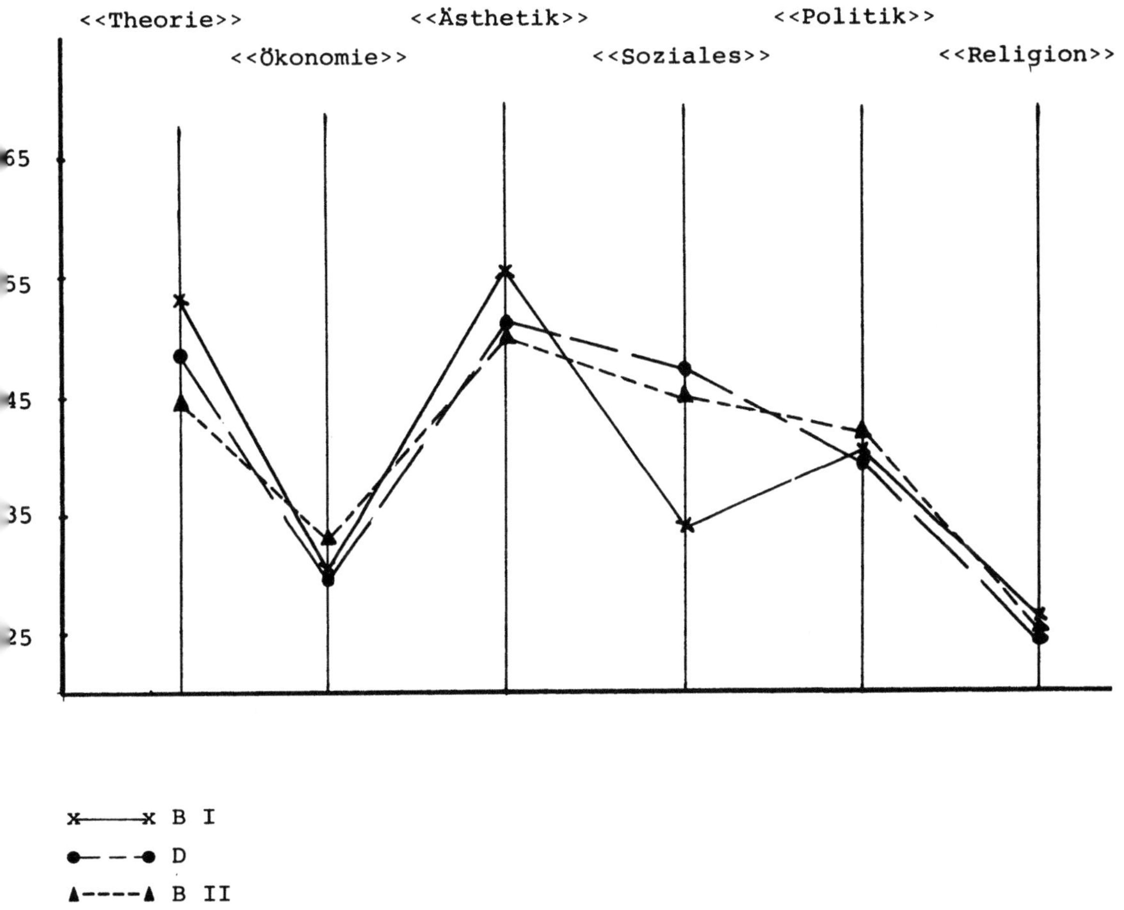

Abb. 2

"Was wird mit den Aufgabengruppen des I-S-T untersucht?

Korrelation mit verschiedenen Außenkriterien und Faktorenanalysen haben Einblicke erbracht, welche Funktionen bei der Lösung der Aufgabengruppen beteiligt sind. Eindeutigkeit kann jedoch weder bei deren Gewichtung noch bei deren Benennung erreicht werden. Deshalb ist es nötig, mehrere, in bestimmbare Richtungen weisende, Angaben zu machen.

SE (Satzergänzung):

"Urteilsbildung", "common sense", Akzent im "Konkret-Praktischen", "Wirklichkeitssinn", "Selbständigkeit im Denken".

WA (Wortauswahl)

"Erfassen von sprachlichen Bedeutungsgehalten", "Sprachgefühl", "induktives sprachliches Denken", "Einfühlungsfähigkeit", "rezeptive" Komponenten.

AN (Analogien):

"Kombinationsfähigkeit", "Beweglichkeit und Umstellfähigkeit im Denken", "Erfassen und Übertragen von Beziehungen", "Klarheit und Folgerichtigkeit im Denken", "Widerstand gegen Ungefährlösungen".
Eine, vielleicht die bedeutsamste Voraussetzung für wissenschaftliche Studien.

GE (Gemeinsamkeiten):

"Sprachliche Abstraktionsfähigkeit", "Begriffsbildung", "sprachlogisches Denken".

ME (Merkaufgaben):

"Merkfähigkeit", "gelernte Wörter behalten können", "längerfristiges Behalten", "Gedächtnis".

RA (Rechenaufgaben):

"Praktisch-rechnerisches Denken", "sachlogisches, mathematisches Denken", "reasoning", "schlußfolgerndes Denken".

ZR (Zahlenreihen):

"Theoretisch-rechnerisches Denken", "induktives Denken mit Zahlen", "Beweglichkeit und Umstellfähigkeit im Denken", "rhythmische" Komponenten.

FA (Figurenauswahl):

"Vorstellungsfähigkeit", "Vorstellungsreichtum", "anschaulich-ganzheitliches Denken", "gestaltend-konstruktive Komponenten.

WÜ (Würfelaufgaben):

"Räumliches Vorstellen-Können", "technisch-konstruktive" Komponenten, "analytische Momente" können beteiligt sein; "von konventioneller Bildung weitgehend unabhängig."

5.2.1.1 Beim Vergleich der IQ.-Werte der drei Gruppen untereinander ergaben sich folgende Signifikanzen: Die IQ.'s von B II und D unterscheiden sich hochsignifikant auf dem 0,1 %-Niveau voneinander. Diese Signifikanz blieb auch bei der Umrechnung der IQ.'s in Schulstandardwerte erhalten. Auch die IQ.'s von B I und D unterscheiden sich hochsignifikant (0,1 %-Niveau) voneinander. (Hier konnten die Unterschiede nach Umwandlung in Schulstandardwerte allerdings nicht gesichert werden.) Die Einzelergebnisse sind in den Tabellen 1 - 4 aufgeführt.

Ergebnisse des I-S-T

Konstrukte

Vpn-Gruppen		SE	WA	AN	GE	ME
B I	$\bar{x}$:	100,85	113,46	110,46	103,69	109,15
D	$\bar{x}$:	107,07	105,57	105,93	99,5	102,14
B II	$\bar{x}$:	104,42	108,08	109,25	110,42	111,25

Vpn-Gruppen		RA	ZR	FA	WU
B I	$\bar{x}$:	106,15	106,62	108,31	102,69
D	$\bar{x}$:	105,29	97,86	99,21	100,64
B II	$\bar{x}$:	110,50	108,33	96,17	103,75

Tab. 1

Gruppe B I

Gesamt-RW	I. Q.	Schul-SW	(GE + RA)-(AN + ZR)
113	120	90	+2
96	94	72	-24
120	130	107	+20
110	115	84	-9

Gesamt-RW	I. Q.	Schul-SW	(GE + RA)-(AN +ZR)
115	123	95	-3
116	124	95	+15
104	106	88	-1
106	109	84	-18
111	117	85	-9
104	106	84	-15
94	91	86	-13
104	106	88	-18
110	115	84	-22
107,92	112,0	88,62	-7,31

Tab. 2

Gruppe D

Gesamt-RW	I. Q.	Schul-SW	(GE + RA)-(AN + ZR)
100	100	72	+17
103	105	87	-4
111	117	101	+1
93	90	86	-8
93	90	72	+21
104	106	103	+20
104	106	99	-4
99	99	84	-10
115	123	95	+8
106	109	90	-18
106	109	94	-2
96	94	82	+16
99	99	87	-6
106	109	92	-17
102,50	104	88,86	+1,0

Tab. 3

Gruppe B II

Gesamt RW	I. Q.	Schul- SW	(GE + RA)-(AN + ZR)
101	114	95	+12
101	102	84	+3
120	130	113	+7
116	124	107	±0
117	126	107	+11
97	96	78	+21
106	109	90	-7
117	126	107	-2
97	96	78	+18
120	130	113	+3
110	115	95	-10
97	96	84	-16
108,92	113,67	95,92	+3,33

Tab. 4

Interessanter als der Gesamtvergleich erscheinen uns die Detailuntersuchungen unter den jeweiligen Einzelkonstrukten. Lediglich unter den Konstrukten WA, GE, ZR und FA ergaben sich statistisch interpretationsfähige Unterschiede; alle anderen Variationen der Ergebnisse unter den restlichen Konstrukten könnten zufallsbedingt sein (cf. die I.Q.-Profile in Abb. 3).

(a) Im Konstruktbereich WA unterscheidet sich B I von D statistisch signifikant auf dem 5 %-Niveau, während sich B II weder von B I noch von D signifikant unterscheidet; d. h. die experimentellen Literatur-Produzenten zeigten gute Ergebnisse beim "Erfassen von sprachlichen Bedeutungsgehalten usw." (Amthauer, 1973:39).

(b) Im Konstruktbereich GE unterschieden sich B II von D statistisch sehr signifikant auf dem 2 %-Niveau. Die Ergebnisse von B I unterschieden sich in diesem Bereich weder von D noch von B II, d. h. die Studenten erreichten eindeutig höhere Werte bezüglich ihrer "sprachlichen Abstraktionsfähigkeit, der Begriffsbildung und des sprachlich-

I-S-T 70 IQ-Profile

Gruppe B I

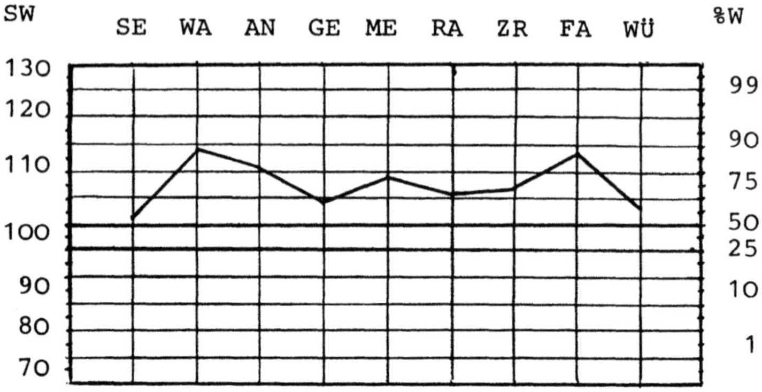

Gruppe D

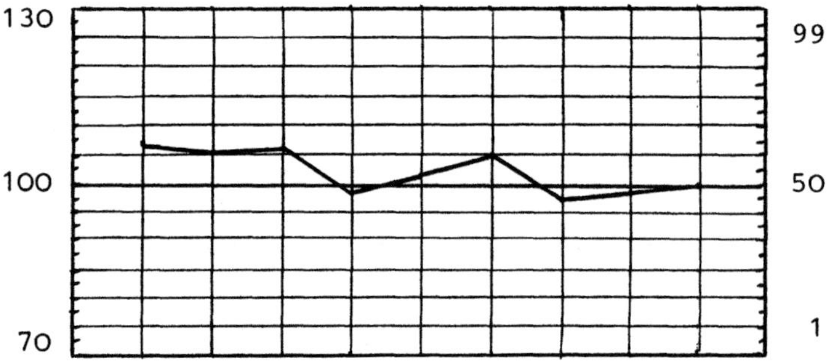

Gruppe B II

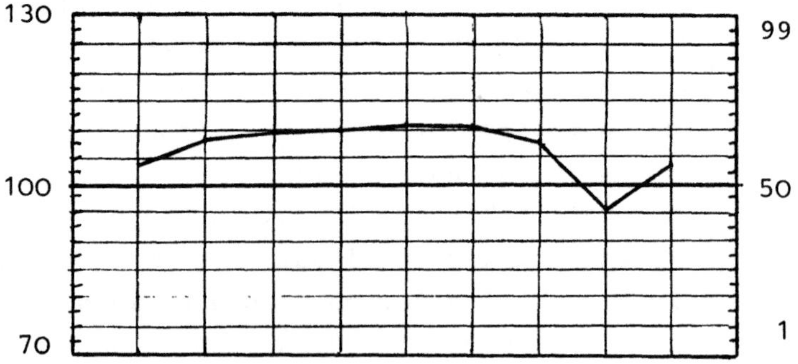

Abb. 3

logischen Denkens" (Amthauer, a.a.O.).

(c) Zwei signifikante Unterschiede ergaben sich im Konstruktbereich ZR. Die Gruppe D wich signifikant auf dem 5 %-Niveau von den Leistungen der beiden anderen Gruppen ab; sie erreichten mit Abstand schwächere Werte in <<theoretisch-rechnerischem Denken, induktivem Denken mit Zahlen, Beweglichkeit und Umstellfähigkeit im Denken>>. Die Unterschiede zwischen B I und B II können auf Zufallsschwankungen beruhen und sind mithin nicht interpretationsfähig.

(d) Im Konstruktbereich FA gab es lediglich eine signifikante Unterscheidung auf dem 2 %-Niveau, und zwar zwischen B I und B II. B I erzielte im Bereich <<Vorstellungsfähigkeit, Vorstellungsreichtum usw.>> wesentlich bessere Werte, was uns nicht unwichtig erscheint im Zusammenhang mit der Frage, ob etwa experimentellen Literatur-Produzenten sinnliche Phantasie fehle.

5.2.1.1 Vergleicht man die I.Q.-Profile der Einzelgruppen miteinander, so fällt der von Amthauer definierte Unterschied zwischen eher sprachlich-theoretischen Begabungen in der Gruppe B I und mehr praktischen Veranlagungen in der Gruppe D ins Auge. Die Profile sind zwar nicht so ausgeprägt wie bei Amthauer selber, der sie als M- bzw. W-Profile kennzeichnet: "Es fällt auf, daß einige der Profile wie ein "M" und andere wie ein "W" beginnen. Das hat folgende Bewandtnis: Wenn die ersten vier Punkte (SE, WA, AN, GE) eines Profils wie die Strichführung eines M beginnen (also Tal-Gipfel, Tal-Gipfel), dann handelt es sich - global gesehen - um eine mehr sprachlich-theoretische Begabung (vergleiche Abbildung 2). Wenn dagegen die Strichführung eines W entspricht (Gipfel-Tal, Gipfel-Tal), so haben wir eine mehr praktische Begabung vor uns." (a.a.O.:18) Unsere Befunde verwundern nicht; denn sowohl B I als auch D sind Mischgruppen; und die von uns ermittelten Profilwerte zeigen lediglich Annäherungen an die Amthauerschen Profile, die wir zur Illustration im folgenden anführen:

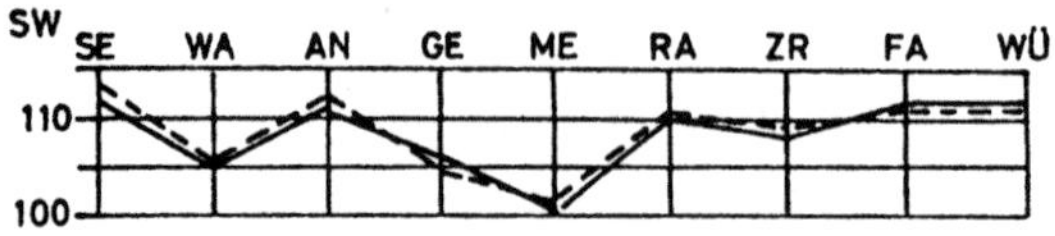

------ 23 Abiturienten, die Mathematik, Physik, Chemie oder Ingenieurwesen studieren wollen
——— 68 Mathematiker, Physiker, Chemiker und Dipl.-Ing.

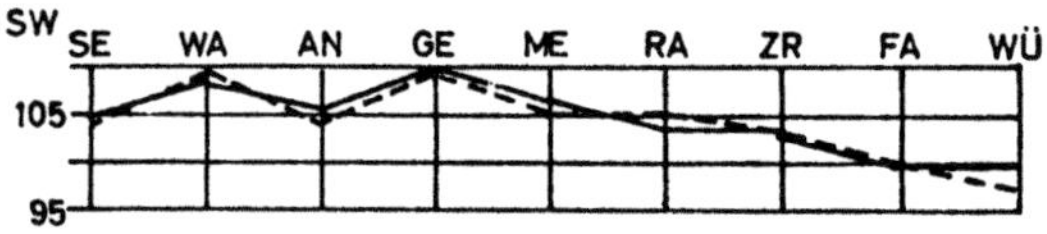

------ 34 Abiturienten, die das höhere Lehramt wählen wollen
——— 52 im höheren Lehramt Tätige, ohne Mathematik und naturwissenschaftliche Fächer

Amthauer hat aus mehreren Faktorenanalysen noch eine weitere Dimension ermittelt, und zwar <<hohe Festigung im Denken im Verhältnis zum Lebensalter vs hohe Flexibilität bzw. geistige Entwicklungsfähigkeit>> (1973:15). Diese Dimension läßt sich aus den Konstrukten wie folgt ermitteln: Ist die Summe der ermittelten Standardwerte unter den Konstrukten GE und RA kleiner als unter den Konstrukten AN und ZR (d. h. ergeben sich hier hohe Minus-Werte), dann läßt das auf ein hohes Maß an Flexibilität schließen; ist die Summe der Standardwerte unter GE und RA größer als die unter AN und ZR, so deutet das nach Amthauer auf einen hohen Grad an Festigkeit des Denkens relativ zum Lebensalter der Versuchspersonen hin.
Es scheint wenig verwunderlich, daß sich die Mitglieder der Gruppe B I in dieser Dimension signifikant (auf dem 5 %-Niveau) von den Gruppen D und B II unterscheiden. Auffällig ist der hohe Festigkeitswert bei B II. Nach Groebens Einschätzung steht der hohe Festigkeitsgrad von B II im Zusammenhang mit neurotischer Rigidität bzw. ist als ein Aspekt davon anzusehen, da die Mitglieder dieser Gruppe Literaturproduktion primär als

Selbsttherapie betreiben.

5.3 Zu Ergebnissen des Verbalen-Kreativitäts-Tests (V-K-T)

5.3.1 Bei der folgenden Darstellung der Ergebnisse des *V-K-T* legen wir die Konstrukte in der Reihenfolge zugrunde, die in Kapitel 2.1.5 aufgeführt worden ist.

In vier der sechs Konstruktbereiche wurden signifikante Ergebnisse erhoben. Lediglich bezüglich der <<syntaktisch gewandten Mitteilungsform>> (Konstrukt IV) ergaben sich keine signifikanten Unterschiede zwischen den drei Gruppen.

(a) Bezüglich <<Einfallsraschheit>> und <<spontane Äußerungstendenz>> der Versuchspersonen (Konstruktbereich I) war B I sowohl D als B II eindeutig überlegen. Der Unterschied zwischen B I und D konnte auf dem 5 %-Niveau gesichert werden; die Signifikanz zwischen B I und B II wurde durch einen Streuungsvergleich ermittelt ($F = 8{,}16$; $F_{0{,}01,\ 1{,}20} = 4{,}35$) (s. auch Abb. 4, *V-K-T*)

(b) Der Unterschied im Konstruktbereich <<assoziativ-vergleichende Kombinationsgabe>> (Konstruktbereich III) zwischen B I und B II ist fast signifikant (6 %-Niveau). Auch ein Vergleich mit Ergebnissen unter ähnlichen Konstrukten beim *I-S-T 70* erbrachte keine weiterführenden Aufschlüsse; denn beim *I-S-T* können alle diesbezüglichen Unterschiede zwischen den Gruppen zufallsbedingt sein.

(c) Der Unterschied im Konstruktbereich IV <<ungewöhnliche Sprachverwendung>> zwischen B I und D konnte auf dem 5 %-Niveau gesichert werden. Allerdings teilen wir Grobens Ansicht, daß dieser signifikante Unterschied, nachdem B I wesentlich schlechter als D abschneidet, möglicherweise auf die Speed-Komponente des *V-K-T* zurückzuführen ist.

5.4 Zu Ergebnissen aus Jäger: Dimensionen der Intelligenz

5.4.1 Zu den sechs Intelligenzkonstrukten von Jäger (I: anschauungsgebundenes Denken; II: Einfallsreichtum und Produktivität; II: Konzentrationskraft und Tempo-Motivation; IV: Verarbeitungskapazität, formallogisches Denken und Urteils-

V-K-T - Ergebnisse

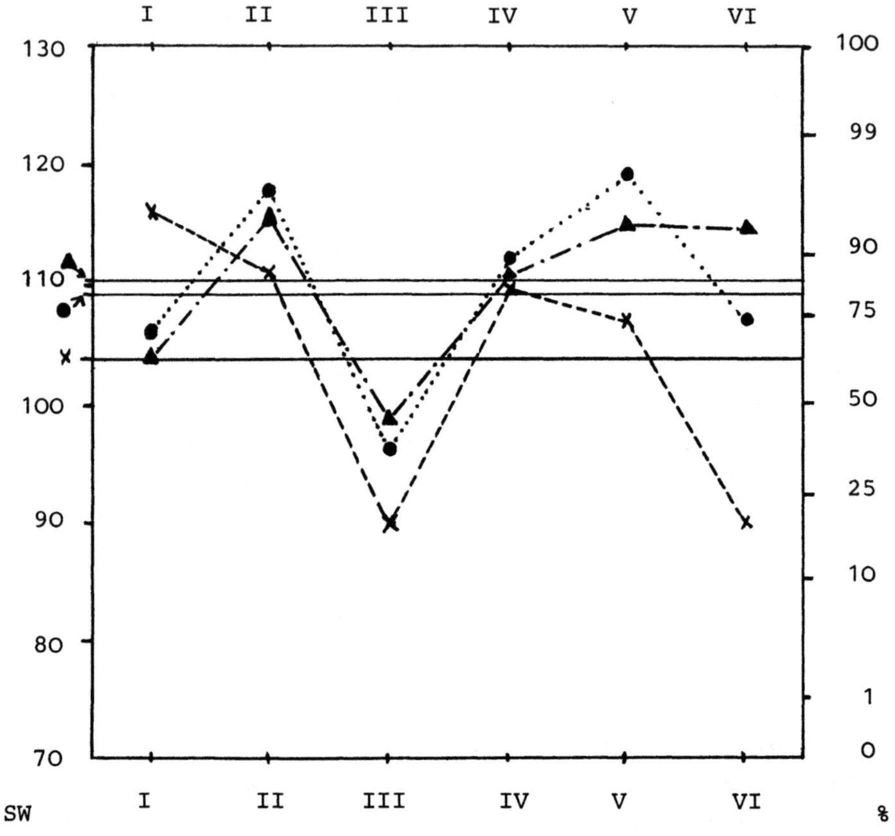

x KI - B I Einzel SW d. Faktoren

o KI - D Einzel SW d. Faktoren

Δ KI - B II Einzel SW d. Faktoren

Abb. 4

fähigkeit; V: zahlengebundenes Denken; VI: sprachgebundenes Denken) wurden aus versuchstechnischen Gründen nur Daten zu den Faktorenbereichen II, III und VI erhoben. Die ermittelten Summenwerte der Faktoren sollen nicht statistisch interpretiert werden, weil die Auswertung keine statistisch gesicherten Signifikanzen ergaben. Allerdings sind Tendenzen der Ergebnisse in einer eher spekulativen Weise durchaus interpretierbar.

(a) Im Faktorbereich II erzielten B II und D bessere Ergebnisse als B I, was darauf zurückgeführt werden kann, daß der Test sehr stark auf verbalen Stimuli aufgebaut ist, deren hochkonventionelle Form gerade die experimentellen Literatur-Produzenten aus ästhetischen Gründen besonders stark abgelehnt haben dürften.

(b) Die Ergebnisse zum Faktorbereich III liegen in ihrer Tendenz im erwartbaren Rahmen: B II erbrachte hier die höchsten Werte, D schnitt am schwächsten ab.

(c) Im Faktorbereich VI erlauben die Ergebnisse nicht einmal eine Tendenzinterpretation.

5.5 Zu Ergebnissen aus dem Freiburger Persönlichkeitsinventar (FPI)

5.5.1 Bei dieser Versuchsreihe, die nur für D und B II durchgeführt werden konnte, ergaben sich keine statistisch interpretierbaren Signifikanzen. Allerdings zeigen die Ergebnisse interessante Tendenzen im Vergleich der Gruppen untereinander und mit Bezug auf unsere Vorerwartungen.

In der Gruppe B II zeigten sich lediglich in drei der neun Konstruktbereiche Mittelwerte, die außerhalb des mittleren Streubereichs der Normalverteilung, bezogen auf den Bevölkerungsdurchschnitt (54 %) lagen; und zwar in bezug auf den Bereich <<gesellig>>, wo die Studenten als <<eher sehr gesellig und lebhaft>> ausgewiesen werden (ihr Standardwert liegt bei 6,08).

Im Bereich des Konstrukts <<Gelassenheit>>, in dem B II als <<eher irritierbar und zögernd>> registriert wurde (Standardwert 3,42) und im Bereich des Konstrukts <<Dominanzstreben>>, in dem sie als <<eher nachgiebig und gemäßigt>> ausgewiesen wurden (3,58), sind die Ergebnisse interpretierbar. In diesem Be-

reich erwies sich auch D als noch sehr <<nachgiebig und gemäßigt>> (Standardwert 3,07).
Neben diesen vom Mittelbereich der Normalverteilung abweichenden Werten zeigte sich, daß sowohl B II als auch D im Versuch eher als <<psychosomatisch nicht gestört>> eingestuft werden, daß beide Gruppen eher die Tendenz zu <<Depressivität, Mißgestimmtheit und Selbstunsicherheit>> aufwiesen (B II Standardwert 5,92; D Standardwert 5,86), daß aber auch diese Werte strenggenommen nicht interpretationsfähig sind. (cf. die Konstruktbereiche des FPI in Abb. 7 sowie die Einzelwerte der Gruppen D und B II in Tab. 5 und 6)

<u>FPI-Werte</u>

Gruppe D	
1	4,57
2	5,36
3	5,86
4	4,71
5	5,43
6	4,43
7	3,07
8	4,43
9	5,21
E	5,43
N	5,50
M	4,79
	$\bar{x}$

<u>Tab. 5</u>

Gruppe B II	
1	4,67
2	4,67
3	5,92
4	4,42
5	6,08
6	3,42
7	3,58
8	5,00
9	4,25
E	5,58
N	5,67
M	4,67
	$\bar{x}$

<u>Tab. 6</u>

KAP. 6 DETAILERGEBNISSE BEIM THEMATISCHEN APPERZEPTIONS-TEST (TAT) UND BEIM WARTEGG-ZEICHENTEST (WZT)

6.1 Zur Problemstellung

Die vorliegende Untersuchung wurde als Teil einer empirischen Projektstudie zum Thema "Persönlichkeitsvariablen bei experimentellen Literatur-Produzenten" durchgeführt, für die S. J. Schmidt und R. Zobel verantwortlich zeichneten.
Als konkrete Auftragssituation war die Durchführung und die Auswertung einer nicht festgelegten Auswahl des *Thematischen Apperzeptionstests* vorgegeben.
Das genannte Testverfahren sollte an drei Gruppen von schriftstellerisch tätigen Personen, nämlich sogenannten "experimentellen Literatur-Produzenten", schriftstellerisch tätigen Studenten und nicht-experimentellen Literatur-Produzenten durchgeführt werden.
Der konkrete Ablauf der Untersuchung wurde von der Bereitschaft der keineswegs unkomplizierten Versuchspersonen abhängig gemacht. Fest stand lediglich, daß diese neben einer mehrstündigen Testbatterie (im Gruppenversuch) auch im Einzelversuch mit Hilfe des *TAT* untersucht werden sollten.
Die Möglichkeit, anamnestische Daten zur Verfügung gestellt zu bekommen, wurde ebenso zugesagt wie die Möglichkeit, Einzelheiten der biographischen Entwicklung der Probanden explorieren zu können.
Die gestellte Auftragssituation wurde daher als routinemäßige Testuntersuchung aufgefaßt.
Über die Planung und das Versuchsdesign wurden nur allgemeine Informationen zur Verfügung gestellt, denen zufolge experimentelle Literatur-Produzenten mit nicht-experimentellen auf unterschiedliche psychologische Merkmale und Entwicklungsbedingungen verglichen werden sollten.
Als Anregung und Vergleichsstudien dienten von F. Barron (1968) in den USA durchgeführte Untersuchungen.
Gleichzeitig werden die aufgenommenen Testmaterialien zum *Wartegg-Zeichentest (WZT)* zur weiteren Auswertung und Bearbeitung zur Verfügung gestellt.

Ausgangspunkt der weiteren Überlegungen war die im Projektantrag von S. J. Schmidt formulierte Annahme, daß es sich bei der Produktion literarischer Texte um "Akte sozialen Handelns im gesellschaftlichen Kontext" dreht. Als Voraussetzungen dafür wurden besondere Befähigungen und Motivationen angesehen. In einem entscheidenden Ausmaß wurde das literarische Handeln durch die Sozialisationsgeschichte des Handelnden und somit durch kulturell erworbene Bedürfnisse bedingt angesehen.
Ein zentraler Stellenwert wurde dabei dem Bedürfnis nach gesellschaftlicher Anerkennung bzw. nach Anerkennung durch bestimmte gesellschaftliche Gruppen zugeschrieben (s. o. Kap. 1).

6.2 Zur Versuchsdurchführung

Trotz der bereits oben dargestellten Untersuchungssituation zwingt die Eigenart der Untersuchten und die Ungewöhnlichkeit der Testsituation, an dieser Stelle nochmals auf die Bedingungen der Versuchsdurchführung einzugehen.
Dies schon allein deshalb, weil damit nicht nur eine Vielzahl schwer kontrollierbarer Störfaktoren, die die Ergebnisse verzerren können, sondern auch zusätzliche diagnostisch bedeutsame Informationen einfließen.

(zu B I) Bedingt durch verschiedenste Spannungen unter den Tagungsteilnehmern, die weitgehend im selben Hotel untergebracht waren, eskalierte sich eine zunehmende Abneigung gegen die geplanten Testuntersuchungen, die vereinfacht ausgedrückt durch die Zumutung umschreibbar ist, an einer Durchschnittsnorm gemessen zu werden, und durch die Assoziationen, mit Überwachungs- und Bespitzelungsmethoden konfrontiert zu werden.
Davon nicht betroffen war die Durchführung des *TAT*, der im Einzelversuch appliziert wurde. Als problematisch erwies sich dabei allerdings zweierlei, nämlich einmal die zeitliche Beschränkung der Untersuchungsmöglichkeiten und die Abhängigkeit von dem Zugeständnis, die Untersuchten nicht durch persönliche Fragen zu verunsichern und zu verärgern.
Hinzu kam die Wahrung der Anonymität, die wegen der

Außergewöhnlichkeit der biographischen Entwicklung ausschloß, Daten aus Fallanalysen mitzuteilen, so daß subtilere Zusammenhänge leider nicht aufgezeigt werden können.
Maßgeblich war die von vielen Tagungsteilnehmern direkt oder indirekt ausgesprochene Angst, entsprechende Veröffentlichungen könnten einer Gruppe nonkonformer Literaten, die seit Jahren bereits erheblich angefeindet werde, in unverantwortlicher Weise schaden.
Wie berechtigt oder unberechtigt die Befürchtungen waren, kann nicht beurteilt werden. In jedem Fall hatte dies eine erhebliche Einschränkung psychodiagnostischer Explorationsmöglichkeiten und der Veröffentlichung gewonnener Informationen zur Folge.

(zu D) Die Untersuchungen wurden innerhalb von 3 Tagen durchgeführt. Entsprechende Spannungen und Befürchtungen, wie sie für die erste Untersuchungsgruppe (B I) zutrafen, konnten für diese Gruppe nicht konstruiert werden.

(zu B II) Im Gegensatz zu den beiden ersten Gruppen, mit denen die Versuchsleiter über einige Tage auch außerhalb der Testuntersuchungen persönliche Kontakte aufnehmen konnten, beschränkten sich die Kontakte mit dieser Gruppe ausschließlich auf die Zeit der Testuntersuchungen.

6.3 Darstellung der Ergebnisse

6.3.1 Zur soziodemoskopischen Charakteristik der Versuchspersonen

Wie bereits ausgeführt, waren die Möglichkeiten zur Erhebung von soziobiographischen Daten ausgesprochen beschränkt.
Zur Charakteristik der untersuchten Versuchspersonen standen neben der Zuordnung zu literaturwissenschaftlichen Gruppen an sozialstatistischen Daten lediglich das Geschlecht, das Alter und im begrenzten Umfang noch der Familienstand und der Beruf zur Verfügung.
Die Darstellung der Untersuchungsergebnisse soll zunächst getrennt nach den beiden Testverfahren erfolgen.

Insgesamt wurden mit diesen beiden Testverfahren 44 Personen untersucht, von denen allerdings nur 39 durch beide Tests erfaßt wurden.
Ihrem Geschlecht nach setzte sich der Großteil der Versuchspersonen aus männlichen Personen zusammen. Die nachfolgende Tabelle gibt einen Überblick für die Häufigkeitsverteilung innerhalb der drei Untersuchungsgruppen. Die dabei feststellbaren Abweichungen sind geringfügig und liegen im Bereich des Zufalls.

Geschlecht	Untersuchungsgruppen			
	B I	B II	D	Summe
männlich	14	11	11	36
weiblich	4	1	3	8
Summe	18	12	14	44

Deutliche Unterschiede zwischen den 3 Gruppen lassen sich hingegen für die Altersverteilung nachweisen. Ihrem zuletzt erreichten Lebensalter nach verteilten sich die Versuchspersonen wie folgt:

Altersgruppe	Untersuchungsgruppen			
Lebensalter	B I	B II	D	Summe
bis 25	0	8	1	9
26-30	0	4	2	6
31-35	0	0	1	1
36-40	4	0	0	4
41-45	3	0	2	5
46-50	6	0	4	10
51-55	3	0	2	5
56-60	2	0	0	2
über 60	0	0	2	2
Summe	18	12	14	44

Mit einem Durchschnittsalter von knapp 25 Lebensjahren setzt sich die Gruppe der schriftstellerisch tätigen Studenten deutlich von den beiden übrigen Untersuchungsgruppen (B I = 47, D = 46 Jahre) ab. Dies allein bedeutet bereits, daß es sich um zwei verschiedene Generationen handelt, die aufgrund ihrer lebensphasisch bedingten Schwerpunkte der Entwicklung eine unterschiedliche Akzentuierung ihrer Lebensproblematik mit sich bringen.
Die breiteste Streuung weist die Gruppe der nicht-experimentellen Literatur-Produzenten aus, bei der die Altersgrenzen zwischen dem 25. und dem 76. Lebensjahr liegen. Demgegenüber lassen sich alle schriftstellerisch tätigen Studenten zwischen dem 20. und dem 30. Lebensjahr einordnen, während die Altersgrenzen der experimentellen Literatur-Produzenten zwischen dem 38. und dem 58. Lebensjahr liegen.
Entsprechend der Altersverteilung unterscheiden sich die drei Gruppen auch hinsichtlich ihres Familienstandes, wie die nachfolgende Tabelle verdeutlicht:

Familienstand	Untersuchungsgruppen			
	B I	B II	D	Summe
ledig	3	10	5	18
geschieden	4	0	1	5
verheiratet	5	2	8	15
nicht feststellbar	6	0	0	6
Summe	18	12	14	44

Hinsichtlich der zu untersuchenden Fragestellung läßt sich aus diesem Merkmal nur sehr bedingt ein Rückschluß ableiten, da weniger der sozialstatistische Grad des Familienstandes als vielmehr die Häufigkeit und das Ausmaß harmonischer Partnerschaft und die damit zusammenhängenden Belastungen, Sorgen und Rückhalte von Interesse sind.
Aus den gesprächsweisen Äußerungen der Untersuchten lassen sich aber immerhin für mehr als die Hälfte der Untersuchten der Gruppe B I und D das Scheitern ehelichen Zusammenlebens oder zu-

mindest ernsthafte Eheschwierigkeiten ableiten, die durch gegensätzliche Lebensinteressen, Einschränkung der persönlichen und künstlerischen Freiheit wie auch durch die Sorgen um die alltäglichen Konsumbedürfnisse begründet wurden.
Die Zahl der ledigen Personen unter den Studenten - trotz des erreichten Lebensalters, das auch für Studenten verhältnismäßig hoch liegt - korrespondiert in erster Linie mit der beruflichen Situation und der fehlenden materiellen Unabhängigkeit. Dessen ungeachtet verfügt nur ein kleiner Teil über partnerschaftliche Geschlechtsbindungen (4 von 12 Versuchspersonen), soweit dies aus den Gesprächen hervorgeht.
Schwierig gestaltet sich die Beurteilung der beruflichen und der wirtschaftlichen Situation der Untersuchten. Am einfachsten ist die Situation noch für die schriftstellerisch tätigen Studenten zu beurteilen, deren Literaturtätigkeit durchwegs über die ersten Versuche noch nicht hinauskam. Zumeist handelte es sich um vereinzelte Veröffentlichungen von Lyrik, Kurzgeschichten oder erste Versuche von Novellen oder Romanen, für die Verlage für die Veröffentlichung gesucht wurden.
Demgegenüber zeichnet sich die Gruppe der experimentellen Literatur-Produzenten, die sich aus ihrem Selbstverständnis heraus als avantgardistisch betrachtet, durch den größten Grad an Etabliertheit und Bekanntheit aus. Dabei scheint es sich allerdings um Literatur-Produzenten zu handeln, die ihren Lebensunterhalt entweder durch universitäre Anstellungen, durch kulturpolitische Subventionen, durch Aufträge von Rundfunk- und Fernsehanstalten oder durch Anstellungen in journalistischen Berufen bestreiten.
In diesem Punkt unterscheiden sich die experimentellen Literatur-Produzenten von der Gruppe der nicht-experimentellen Literatur-Produzenten weniger im Grundsätzlichen als vielmehr nach dem Grad der institutionellen Anerkennung, der materiellen Sicherheit und der Überzeugtheit von den eigenen künstlerischen Qualitäten.
Ein wesentliches Kriterium, durch das sich die experimentellen Literatur-Produzenten von den beiden anderen Gruppen unterscheiden, ist zum einen ihr überregionaler Wirkungsbereich, zum anderen die größere Geschlossenheit als künstlerische Gruppe, so-

weit es die Aktivitäten nach außen betrifft.
Darüberhinaus fällt der größere Prozentsatz an Personen auf, die sich auch oder zum Teil vorrangig im Bereich der bildenden Kunst oder der Literaturwissenschaften einen Namen gemacht haben.

6.3.2 Ergebnisse des WZT

Bei diesem Testverfahren handelt es sich um ein weitgehend athematisches Zeichenergänzungsverfahren, bei dem acht Felder mit abstrakten Zeichen zur freien und beliebigen Ergänzung durch die Versuchspersonen vorgegeben sind. Nach den Überlegungen des Testautors Ehrig Wartegg sind dadurch Rückschlüsse auf charakterliche und psychopathologisch bedeutsame Eigenheiten möglich.
Nach den Ausführungen Warteggs ermöglicht dieses seit Jahrzehnten weitverbreitete Testverfahren die Erfassung der Gesamtpersönlichkeit in "... ihrer kortikal faßbaren Spannweite von Antrieb und Empfindung, wie der aus den Umwelteinflüssen resultierenden Modifikation" (E. Wartegg, 1953).
Das zur Auswertung und zur weiteren Interpretation übernommene Testmaterial wurde, wie bereits oben ausgeführt, im Rahmen eines mehrstündigen Gruppenversuches gewonnen.
Die Auswertung der Testbefunde stößt neben grundsätzlichen testtheoretischen Problemen und der Abhängigkeit von schichttheoretischen Persönlichkeitsmodellen, die dieses Verfahren mit sich bringt, auch auf das Problem, daß ein Großteil der Versuchspersonen den Test nur bedingt instruktionsgemäß ausfüllte. Nur in den wenigsten Fällen wurden die Zeichenvorlagen mit Hilfe eines Bleistiftes ergänzt. Damit entfällt für eine Reihe von Auswertungskriterien die Möglichkeit einer eingehenderen graphoskopischen Beurteilung, da etwa die Beurteilung der Druckbreite oder Teigigkeit genauso gut von der Art der Darstellung als auch von den verwendeten Schreib- und Zeichenutensilien (U. B. Filzstift) herrühren kann.
Die Auswertung des *WZT* orientiert sich an der von E. Wartegg (1976, 2. Aufl.) vorgeschlagenen Auswertungsmethode. Aufgrund der bereits oben angeführten testtheoretischen Problematik wurde auf eine Pseudoquantifizierung einzelner Merkmale ver-

zichtet; vielmehr wurden nur einfache Häufigkeiten festgestellt, um weitere statistische Verrechnungen vom Datenniveau her zu rechtfertigen.
Entsprechend der in Kap. 6.1 angeführten Fragestellung stand der Vergleich zwischen der Gruppe der "experimentellen" Literatur-Produzenten und den beiden anderen Gruppen schriftstellerisch tätiger Personen im Vordergrund des Interesses.
Die *Abfolge der zeichnerischen Gestaltung* wird durch die nachfolgende tabellarische Darstellung illustriert.
Verglichen mit der Zahl der Personen in jeder Gruppe, die die vorgegebenen Zeichen der Reihe nach ergänzten, und denen, die individuell eine Reihenfolge wählten, um entsprechend der Ansprechbarkeit des Testmaterials der Testinstruktion nachzukommen, lassen sich keine gesicherten Unterschiede zwischen den untersuchten Gruppen festhalten:

ABFOLGE DER BILDGESTALTUNG

		POSITION							
		1.	2.	3.	4.	5.	6.	7.	8.
I	B I	7	1	2	1	1	1	2	2
	B II	4	3	2	0	1	0	0	2
	D	7	4	2	0	0	0	0	1
II	B I	5	7	1	2	2	0	0	0
	B II	1	5	5	0	0	1	0	0
	D	0	6	4	1	0	2	0	1
III	B I	0	3	6	1	3	0	3	1
	B II	1	1	4	1	3	0	0	2
	D	0	0	6	2	2	0	3	1
IV	B I	1	1	2	7	0	3	2	1
	B II	0	1	0	4	1	1	3	2
	D	2	0	1	7	1	0	1	2
V	B I	3	1	1	2	7	1	1	1
	B II	1	0	0	2	2	1	3	3
	D	2	2	0	0	5	4	0	1
VI	B I	0	2	3	2	0	8	1	1
	B II	0	1	0	2	0	7	2	0
	D	0	2	0	2	1	6	3	0
VII	B I	0	2	3	0	1	2	7	2
	B II	2	1	0	0	4	1	3	1
	D	1	0	0	2	1	2	5	3
VIII	B I	2	0	0	1	3	2	0	9
	B II	2	0	1	4	1	1	1	2
	D	1	0	1	0	2	2	2	6

Sofern aus der Verteilung der Abfolge überhaupt ein interpretierbarer Schluß ableitbar ist, so ist es der, daß sich für die Gruppe der experimentellen Literatur-Produzenten die Tendenz zu einer "linearen Verlaufsform" abzeichnet, was hypothetisch unterstellen läßt, daß sich diese Gruppe durch ein größeres Maß an Geordnetheit, Beherrschtheit oder Gehemmtheit auszeichnet.

Diese Interpretationsansätze werden allerdings durch einige weitere formale Auswertungskriterien des *WZT* in Frage gestellt. Beachtung verdient in diesem Zusammenhang, daß bei einer größeren Zahl der experimentellen Literatur-Produzenten ein oder zwei der acht Zeichenfelder unberücksichtigt blieben. Demgegenüber fällt dieselbe Untersuchungsgruppe wiederum durch ein größeres Maß an Sorgfalt und Geordnetheit in der zeichnerischen Ausgestaltung der vorgegebenen Zeichen auf.
Die einfachste Erklärung für diese teilweise diskrepanten Ergebnisse liegt in der zum Teil sehr konträren Bereitschaft dieser Versuchspersonengruppe, auf die gestellten Testaufgaben (im Rahmen einer mehrstündigen Gruppenuntersuchung) einzugehen oder sich klar und eindeutig davon zu distanzieren.
Es wäre zumindest naiv, einzelne auffallende Testergebnisse hier auf schon pathologisch zu bewertende Antriebshemmungen oder psychomotorische Defekte, die man bisweilen bei retardierten Kindern und Kleinkindern findet, zurückzuführen.
Mit dieser sehr naheliegenden Erklärung, die von verschiedenen Teilnehmern der Untersuchungsgruppe B I - teilweise sehr lautstark - artikuliert wurde, sind aber gleichzeitig auch einzelne Testergebnisse selbst in Hinblick auf ihre Auswertbarkeit und Interpretierbarkeit in Frage gestellt.
Die nachfolgende Tabelle gibt einen Überblick über die Häufigkeitsverteilung von Merkmalen, die für eine Vernachlässigung der Anfangszeichen sprechen.

Merkmale einer vernachlässigenden Auffassung der Anfangszeichen verteilen sich auf die einzelnen Gruppen folgendermaßen:

GRUPPE	MERKMAL FÜR VERNACHLÄSSIGUNG	HÄUFIGKEIT								
		0	1	2	3	4	5	6	7	8
B I	RAND ÜBERFAHREN	10	3	0	2	1	0	0	0	1
	ZEICHEN ÜBERDECKT	9	4	3	0	0	0	1	0	0
	ZEICHEN UNBEACHTET	9	6	1	0	1	0	0	0	0
	FLÄCHE LEER	11	4	2	0	0	0	0	0	0
B II	RAND ÜBERFAHREN	6	0	1	2	1	0	0	0	2
	ZEICHEN ÜBERDECKT	1	1	0	1	4	1	1	1	2
	ZEICHEN UNBEACHTET	9	0	3	0	0	0	0	0	0
	FLÄCHE LEER	11	1	0	0	0	0	0	0	0
D	RAND ÜBERFAHREN	8	4	1	0	1	0	0	0	0
	ZEICHEN ÜBERDECKT	7	4	1	1	0	0	1	0	0
	ZEICHEN UNBEACHTET	10	2	1	1	0	0	0	0	0
	FLÄCHE LEER	14	0	0	0	0	0	0	0	0

Mit einer geringeren Irrtumswahrscheinlichkeit als 2.5 Prozent waren die Unterschiede in der beobachteten Häufigkeit für das Merkmal "Fläche leer" eruierbar. Auf dem 5-Prozent-Niveau gesichert war die unterschiedliche Häufigkeit, mit der das Merkmal "Zeichen überdeckt" feststellbar war.

In zwei der vier formalen Beurteilungskategorien unterschieden sich die drei Untersuchungsgruppen überzufällig. Während bei einer größeren Zahl der experimentellen Literatur-Produzenten ein oder zwei Zeichen unbearbeitet blieben, zeichnet sich dieselbe Untersuchungsgruppe (B I) durch eine etwas sorgfältigere Eingliederung der vorgegebenen Anfangszeichen in die ergänzte Gestaltung aus.

Die naheliegendste Erklärung für die Diskrepanz zwischen den Kriterien einer Vernachlässigung der Anfangszeichen dürfte bei der Gruppe B I in der unterschiedlichen Bereitschaft und Belastbarkeit für die Untersuchung dieser Versuchspersonen liegen.

GRUPPE	MERKMAL FÜR FIXIERENDE BEOBACHTUNG	HÄUFIGKEIT								
		0	1	2	3	4	5	6	7	8
B I	MIT RAND VERBUNDEN	5	1	2	2	3	2	1	0	1
	SYMMETRISCH WIEDERHOLT	9	4	0	2	2	0	0	0	0
	GEREIHT FORTGEFÜHRT	15	0	0	2	0	0	0	0	0
	UNBERÜHRT ALS SINNMOTIV HERAUSGEHOBEN	14	0	1	0	1	0	0	0	1
B II	MIT RAND VERBUNDEN	1	1	0	1	2	0	1	3	3
	SYMMETRISCH WIEDERHOLT	12	0	0	0	0	0	0	0	0
	GEREIHT FOTGEFÜHRT	12	0	0	0	0	0	0	0	0
	UNBERÜHRT ALS SINNMOTIV HERAUSGEHOBEN	12	0	0	0	0	0	0	0	0
D	MIT RAND VERBUNDEN	1	1	3	3	2	3	1	0	0
	SYMMETRISCH WIEDERHOLT	10	1	2	0	1	0	0	0	0
	GEREIHT FORTGEFÜHRT	7	4	3	0	0	0	0	0	0
	UNBERÜHRT ALS SINNMOTIV HERAUSGEHOBEN	12	2	0	0	0	0	0	0	0

Bei entsprechend vorsichtiger Interpretation, die angesichts der gegebenen Untersuchungssituation angebracht ist, läßt sich für die Gruppe B I eine stärkere Tendenz zu einem räumlich orientierten Ausgleich von Zeit und Antrieb und ein sorgfältigeres und methodisch orientiertes Vorgehen unterstellen als bei den beiden übrigen Untersuchungsgruppen.
Demgegenüber steht allerdings, daß es bei dieser Untersuchungsgruppe in selteneren Fällen zu einer gehäufteren, statistisch allerdings nicht gesicherten, diffusen Beachtung der Reizgrundlagen des *WZT* kam, wie aus der folgenden Tabelle ableitbar ist.

Für die Beurteilungskategorien einer *diffusen Beachtung der Anfangszeichen* waren lediglich in der Häufigkeit der asymmetrischen Wiederholung der Anfangszeichen sehr schwach gesicherte

Unterschiede ableitbar, denen allerdings angesichts der angewandten statistischen Verfahren und der Zahl der Probanden von vornherein eine Bedeutung nicht abgesprochen werden kann.

GRUPPE	MERKMAL FÜR DIFFUSE BEACHTUNG	HÄUFIGKEIT								
		0	1	2	3	4	5	6	7	8
B I	ASYMMETRISCH WIEDERHOLT	9	0	3	1	3	0	0	0	1
	DIFFUS GEHÄUFT	12	3	2	0	0	0	0	0	0
	EINGESCHLOSSEN	12	2	1	2	0	0	0	0	0
	EINBEZOGEN									
B II	ASYMMETRISCH WIEDERHOLT	11	0	1	0	0	0	0	0	0
	DIFFUS GEHÄUFT	11	0	1	0	0	0	0	0	0
	EINGESCHLOSSEN	11	1	0	1	0	0	0	0	0
	EINBEZOGEN									
D	ASYMMETRISCH WIEDERHOLT	10	4	0	0	0	0	0	0	0
	DIFFUS GEHÄUFT	9	3	1	1	0	0	0	0	0
	EINGESCHLOSSEN	8	6	0	0	0	0	0	0	0
	EINBEZOGEN									

Keinerlei Unterschiede, die nicht im Bereich zufälliger Abweichungen liegen, konnten für die *Beurteilungskriterien der Originalität bzw. der Formalität der Darstellungen* festgestellt werden:

GRUPPE			HÄUFIGKEIT								
			0	1	2	3	4	5	6	7	8
B I	FORMA-LITÄT	VERÄNDERT	10	4	2	0	1	0	0	0	0
		TEILBEACHTET	7	2	3	2	2	0	0	0	1
		VOLLBEACHTET	3	2	1	5	2	2	2	0	0
	ORIGINA-LITÄT	VERÄNDERT	12	2	2	0	1	0	0	0	0
		TEILBEACHTET	12	2	3	0	0	0	0	0	0
		VOLLBEACHTET	6	3	5	3	0	0	0	0	0
B II	FORMA-LITÄT	VERÄNDERT	9	1	1	0	1	0	0	0	0
		TEILBEACHTET	7	1	3	0	1	0	0	0	0
		VOLLBEACHTET	0	1	2	3	4	0	1	1	0
	ORIGINA-LITÄT	VERÄNDERT	11	1	0	0	0	0	0	0	0
		TEILBEACHTET	5	2	1	3	0	1	0	0	0
		VOLLBEACHTET	4	2	4	2	0	0	0	0	0
D	FORMA-LITÄT	VERÄNDERT	11	2	1	0	0	0	0	0	0
		TEILBEACHTET	4	4	5	1	0	0	0	0	0
		VOLLBEACHTET	0	0	0	4	5	3	1	1	0
	ORIGINA-LITÄT	VERÄNDERT	8	6	0	0	0	0	0	0	0
		TEILBEACHTET	8	4	2	0	0	0	0	0	0
		VOLLBEACHTET	5	4	4	1	0	0	0	0	0

Dieses Ergebnis mag zunächst überraschen, ist aber letztlich nicht verwunderlich, weil sich die Bewertungsmaßstäbe für Originalität sehr eng an einer statistisch-soziologischen Durchschnittsbreite orientieren und im einzelnen die Grenzen zwischen Skurilität und Originalität nur willkürlich oder im Hinblick auf eine gesellschaftlich relevante schöpferische Produktivität zu ziehen sind.

Charakterologische Merkmale

Entsprechend dem von Wartegg gewählten "begrifflichen Beziehungsgerüst", das sich weitgehend an dem schichtspezifischen Persönlichkeitsmodell von Ph. Lersch orientiert, lassen sich über folgende Merkmale Aussagen dazu ableiten:
Der Merkmalskomplex *"Vitalität"*, den Wartegg durch die primär "psychologisch unterbauten" Schichten der vitalen Antriebskraft und der Empfindsamkeit gekennzeichnet sieht (vgl. E. Wartegg, 1976:35).
Die nachfolgende Tabelle gibt einen Überblick, wieweit diese Kategorien ihrer Häufigkeit nach innerhalb der Untersuchungsgruppen feststellbar waren:

GRUPPE	MERKMAL FÜR VITALITÄT		HÄUFIGKEIT								
			0	1	2	3	4	5	6	7	8
B I	ANTRIEB	DYNAMISCH-DRAMATISCH	7	5	2	1	2	0	0	0	0
		DRUCKBREIT-TEIGIG	0	0	0	2	7	2	1	1	4
	EMPFIND-SAMKEIT	STIMMUNGS-MÄSSIG-KLEIN	10	7	0	0	0	0	0	0	0
		DRUCKSCHWACH	0	0	2	4	3	3	3	0	2
B II	ANTRIEB	DYNAMISCH-DRAMATISCH	5	3	3	1	0	0	0	0	0
		DRUCKBREIT-TEIGIG	0	0	1	0	1	1	1	2	6
	EMPFIND-SAMKEIT	STIMMUNGS-MÄSSIG-KLEIN	3	5	2	2	0	0	0	0	0
		DRUCKSCHWACH	0	0	4	1	4	0	1	2	0
D	ANTRIEB	DYNAMISCH-DRAMATISCH	6	5	2	0	0	1	0	0	0
		DRUCKBREIT-TEIGIG	0	0	0	2	1	1	1	3	6
	EMPFIND-SAMKEIT	STIMMUNGS-MÄSSIG-KLEIN	5	5	3	1	0	0	0	0	0
		DRUCKSCHWACH	0	1	1	2	2	3	3	2	0

Bei der Darstellung der einzelnen Auswertungskategorien ist zu berücksichtigen, daß einzelne graphoskopische Bewertungen aufgrund der verwendeten Schreib- und Zeichengeräte nur mehr eine fragwürdige Einschätzung darstellen. Die Bewertung und Interpretation stützt sich daher in erster Linie auf die sinnhafte

Ausgestaltung der Zeichnungen.
Dabei fällt auf, daß das Merkmal *"Empfindsamkeit"* und die damit verbundenen Eigenheiten einer gefühlsmäßigen Ansprechbarkeit, Sensibilität und emotionalen Betontheit bei der Gruppe der experimentellen Literatur-Produzenten (B I) geringer ausgeprägt ist, wenn man die Zahl der Fälle heranzieht, bei denen dieses Merkmal überhaupt nicht ableitbar ist. Unterschiede zu den übrigen Untersuchungsgruppen lassen sich aber weniger zur Gruppe D als vielmehr zu den schriftstellerisch tätigen Studenten B II ableiten. Allein der Altersunterschied der einzelnen Gruppen legt es aber nahe, jüngeren Personen eine größere Gefühlsbetontheit zuzuschreiben.
Für den Bereich der emotionellen Auseinandersetzung mit der Umwelt, der unter dem Begriff *"Umweltanpassung"* zusammengefaßt wird, lassen sich die Kategorien *"Aufgeschlossenheit"* und *"Innerlichkeit"* voneinander abgrenzen. Unter Aufgeschlossenheit ist die mehr adaptive, nach "außen integrierte Gefühlshaltung" im Gegensatz zu der nach innen integrierten Emotionalität (Innerlichkeit) zu verstehen.
Wenn auch nicht so ohne weiteres gleichzusetzen, so kommt dieser Merkmalsbereich weitgehend der gemeinhin als Extraversion vs. Introversion umschriebenen Persönlichkeitsdimension nahe.

Auf die einzelnen Untersuchungsmerkmale verteilt sich dieser Merkmalskomplex wie folgt:

GRUPPE	MERKMAL FÜR UMWELTANPASSUNG		HÄUFIGKEIT								
			0	1	2	3	4	5	6	7	8
B I	AUFGE-SCHLOSSEN-HEIT	SOZIAL BETONT	16	1	0	0	0	0	0	0	0
		GROSS-GELOCKERT	0	0	3	3	4	5	2	0	0
	INNERLICH-KEIT	IDYLLISCH-GEMÜTSBETONT	7	7	1	0	2	0	0	0	0
		KLEIN-ENG	0	0	1	5	5	3	3	0	0
B II	AUFGE-SCHLOSSEN-HEIT	SOZIAL BETONT	0	2	1	0	0	0	0	0	1
		GROSS-GELOCKERT	0	3	0	0	3	1	1	0	4
	INNERLICH-KEIT	IDYLLISCH-GEMÜTSBETONT	8	0	2	1	1	0	0	0	0
		KLEIN-ENG	4	1	1	1	3	0	0	2	0
D	AUFGE-SCHLOSSEN-HEIT	SOZIAL BETONT	12	2	0	0	0	0	0	0	0
		GROSS-GELOCKERT	0	1	0	2	2	4	4	0	1
	INNERLICH-KEIT	IDYLLISCH-GEMÜTSBETONT	4	5	4	1	0	0	0	0	0
		KLEIN-ENG	1	0	4	4	2	2	0	1	0

Hier ist allerdings anzumerken, daß die Dimension Extra- vs. Introversion durch diesen Test nur peripher angesprochen wird. Jedenfalls läßt sich nicht feststellen, daß experimentelle Literatur-Produzenten in einem größeren Maße durch eine stärkere Extravertiertheit ausgezeichnet wären. Bei den hier in Frage kommenden Verhaltens- und Erlebenseigenheiten lassen sich keine deutlichen Unterschiede zwischen den drei Untersuchungsgruppen ableiten.

Unter der Bezeichnung *"Strebung"* werden im *WZT* Antriebe zusammengefaßt, die der Persönlichkeitstheorie von Ph. Lersch entsprechend als Gerichtetheit des endothymen Gefüges zuzuordnen sind. Im einzelnen sind die Kategorien *"Geltungsstreben"* und *"Idealismus"* als polar entgegengesetzte Gerichtetheiten im *WZT* vorgegeben. Unter Geltungsstreben sind extratensive Wirkungs- und Besitzansprüche zu verstehen, während unter der Kategorie Idealismus Intentionen subsumiert werden, die durch "vorwiegend gefühlshaltige Werte" (vgl. E. Wartegg, 6:36) gekennzeichnet sind.

GRUPPE	MERKMAL FÜR STREBUNG		HÄUFIGKEIT								
			0	1	2	3	4	5	6	7	8
B I	GELTUNGS-STREBEN	GELTUNGSBETONT-DEKORATIV	14	3	0	0	0	0	0	0	0
		AUFFÄLLIG-ÜBERSTEIGERT	10	5	1	0	0	0	0	0	0
	IDEALISMUS	SYMBOLISCH-IDEALISIEREND	12	3	0	0	1	1	0	0	0
B II	GELTUNGS-STREBEN	GELTUNGSBETONT-DEKORATIV	5	4	3	0	0	0	0	0	0
		AUFFÄLLIG-ÜBERSTEIGERT	7	3	1	0	0	0	0	0	1
	IDEALISMUS	SYMBOLISCH-IDEALISIEREND	7	3	1	0	0	0	0	1	0
D	GELTUNGS-STREBEN	GELTUNGSBETONT-DEKORATIV	9	2	2	1	0	0	0	0	0
		AUFFÄLLIG-ÜBERSTEIGERT	9	2	3	0	0	0	0	0	0
	IDEALISMUS	SYMBOLISCH-IDEALISIEREND	8	2	3	0	1	0	0	0	0

Weniger die ableitbaren Unterschiede als vielmehr die verhältnismäßig geringe Häufigkeit der Merkmale, die für Geltungsstreben, Prestige und Anerkennung interpretierbar sind, imponieren an den Ergebnissen zu diesem mehrdimensionalen Persönlichkeitskonstrukt.
Unterschiede lassen sich der Tendenz nach am ehesten noch zwischen den Studenten und den übrigen beiden Schriftstellergruppen ableiten. Demnach sind schriftstellerisch tätige Studenten stärker von dieser Thematik betroffen. Nicht minder überraschend sind die geringen Häufigkeiten von Testmerkmalen, aus denen auf eine idealistische Grundhaltung geschlossen werden könnte.
Bei aller hier angebrachten Vorsicht der Interpretation zeichnet sich aus diesen Ergebnissen eine bei allen Untersuchungsgruppen vorherrschende desillusionierte und gegenüber konformen Rollenerwartungen distanzierte Grundhaltung ab.
Unter dem Beschreibungsmerkmal "*Willensgerichtetheit*" und "*Willensfestigkeit*" werden im *WZT* ziel- oder haltgebende Ausrichtungen zusammengefaßt, die der Beherrschung äußerer wie

innerer Erregungsquellen dienen. Im weiteren und konkreteren sind darunter Persönlichkeitsmerkmale wie Ausdauer, Zähigkeit, Konsequenz bzw. Sturheit, Verranntheit usw. zu subsumieren.

GRUPPE	MERKMAL FÜR DURCHSETZUNG		HÄUFIGKEIT								
			0	1	2	3	4	5	6	7	8
B I	WILLENSGE-RICHTETHEIT	LEISTUNGSBETONT	17	0	0	0	0	0	0	0	0
		DRUCKFEST	3	2	7	2	2	0	1	0	0
	WILLENS-FESTIGKEIT	STATISCH	14	0	2	1	0	0	0	0	0
		GERADE	6	1	6	0	4	0	0	0	0
B II	WILLENSGE-RICHTETHEIT	LEISTUNGSBETONT	8	1	2	1	0	0	0	0	0
		DRUCKFEST	4	3	1	1	1	1	1	0	0
	WILLENS-FESTIGKEIT	STATISCH	11	0	1	0	0	0	0	0	0
		GERADE	4	2	2	1	1	1	1	0	0
D	WILLENSGE-RICHTETHEIT	LEISTUNGSBETONT	10	2	1	0	1	0	0	0	0
		DRUCKFEST	2	3	4	4	1	0	0	0	0
	WILLENS-FESTIGKEIT	STATISCH	11	2	1	0	0	0	0	0	0
		GERADE	3	1	10	0	0	0	0	0	0

Überraschend an den Ergebnissen zu diesem Persönlichkeitskonstrukt ist zunächst die durchgängig geringe Ausprägung von Testindikatoren, die für eine ausgeprägte, leistungsorientierte Einstellung (orientiert an konformen Rollenerwartungen) sprechen. In dieser Frage unterscheiden sich die drei untersuchten Gruppen nur unbedeutend. Entsprechend ausgeprägt sind alle weiteren Merkmale dieses Testes, die für Willensgerichtetheit und -festigkeit interpretierbar sind. Geht man von der mit diesem Testverfahren verbundenen Terminologie ab, so spricht dies am ehesten für das Abrücken aller untersuchten Personen von tradierten Rollenerwartungen für eine durchsetzungsfähige, dominante und letztlich zielstrebig-erfolgreiche Haltung.

Im Gegensatz dazu stehen allerdings einzelne - mehr aus Gesprächen als aus Testergebnissen nachvollziehbare - Lebensschicksale, die alles andere als eine geringe Selbstdisziplin, Wil-

lensstärke und Beharrlichkeit in der Verfolgung persönlicher und als richtig erkannter Ziele erkennen lassen, zum Teil unter sehr einschneidendem Verzicht auf diverse Annehmlichkeiten einer konsumorientierten Gesellschaft.
Primär als sachbestimmte - im Gegensatz zu erlebnisbestimmten - Haltungen sind die unter der Kategorie *"Absetzung"* zusammengefaßten Haltungen zu interpretieren. Während unter *"Nüchternheit"* eine von Affekt- und Gefühlsregungen wenig beeinflußte, bloß auf sachliche, objektive und emotionslose Erfassung ausgerichtete Grundhaltung zu verstehen ist, wird unter dem Begriff der *"Genauigkeit"* eine "Disposition zu sorgfältiger, konzentrierter Arbeit" als Voraussetzung "theoretisch-besinnlichen, gliedernden Denkens und Urteilens" (E. Wartegg, 1976:36) zusammengefaßt.

Als dritte Kategorie führt E. Wartegg hier die der *"Geistigkeit"* an, die gewissermaßen eine präzisere Stufe der gliedernden Sorgfalt und Urteilsbildung darstellt.
Eine Übersicht über die einzelnen Formen der "Absetzung" in ihrer Häufigkeitsverteilung auf die drei untersuchten Gruppen bietet die nachfolgende Tabelle:

GRUPPE	MERKMAL FÜR ABSETZUNG		HÄUFIGKEIT								
			0	1	2	3	4	5	6	7	8
B I	NÜCHTERNHEIT	DINGLICH	13	3	1	0	0	0	0	0	0
		GERADE-ECKIG SYMMETRISCH	6	0	2	6	3	0	0	0	0
	GENAUIGKEIT	ABSTRAKT	2	0	2	4	6	1	0	0	2
	GEISTIGKEIT	SORGFÄLTIG	12	2	1	2	0	0	0	0	0
		STILISTISCH-PRÄZISE	6	3	3	3	1	0	0	0	1
B II	NÜCHTERNHEIT	DINGLICH	7	1	3	0	1	0	0	0	0
		GERADE-ECKIG SYMMETRISCH	4	3	3	2	0	0	0	0	0
	GENAUIGKEIT	ABSTRAKT	4	4	0	2	1	1	0	0	0
	GEISTIGKEIT	SORGFÄLTIG	7	0	4	1	0	0	0	0	0
		STILISTISCH-PRÄZISE	10	1	0	0	0	0	0	0	1

GRUPPE	MERKMAL FÜR ABSETZUNG		HÄUFIGKEIT								
			0	1	2	3	4	5	6	7	8
D	NÜCHTERNHEIT	DINGLICH	7	2	2	2	1	0	.0	0	0
		GERADE-ECKIG SYMMETRISCH	2	3	7	2	0	0	0	0	0
	GENAUIGKEIT	ABSTRAKT	8	3	0	2	1	0	0	0	0
	GEISTIGKEIT	SORGFÄLTIG	5	2	5	2	0	0	0	0	0
		STILISTISCH-PRÄZISE	10	1	2	0	1	0	0	0	0

Sehr unterschiedlich und nur bedingt stimmig verteilen sich die Testindikatoren, die zur Beurteilung der "Dimension" rationale vs. erlebnisbestimmte Grundhaltung des Ausdrucks heranziehbar sind. Hinsichtlich der "dinglichen", gewissermaßen alltäglichen Betrachtung der Umwelt bleibt die Gruppe der experimentellen Literatur-Produzenten - verglichen mit den beiden anderen Untersuchungsgruppen - zwar unbetroffener, demgegenüber zeichnet sich im größeren Maße eine "Geistigkeit" und damit verbunden eine Überrationalität ab, bei der man erst dann zu zweifeln beginnt, wenn dazu pedantisch anmutende Sorgfalt und abstrakte Geisteshaltung in einem ungereimten Kontrast stehen.

6.3.3 Ergebnisse des TAT

Der *Thematische Apperzeptionstest (TAT)* ist ein projektives Testverfahren, das auf der Annahme gründet, daß der Untersuchte in der Deutung mehrdeutiger sozialer Situationen seine eigenen Probleme, Bedürfnisse, Schwierigkeiten und Konflikte in das Bildmaterial hineinprojiziert und so zur Darstellung bringt. Die den Versuchspersonen vorgelegten Bildtafeln haben verschiedene biographische Grundsituationen zum Inhalt, die erwachsene Personen normalerweise in individueller Form durchlebt haben.

Das Testverfahren wird primär als "indirekte" Explorationsmethode zur Erfassung der Persönlichkeitsentwicklung, ihrer prägenden Einflüsse durch die Umwelt sowie der vorherrschenden Bedürfnisse, Einstellungen, Erwartungen und Emotionen, die in bestimmten sozialen Situationen ausgelöst werden, aufgefaßt.

Entsprechend dieser Auffassung wurden die instruktionsgemäß gewonnenen Testgeschichten nach der von W. J. Revers (1973, 3. erw. Aufl.) entwickelten "schematischen Auswertung" interpretiert.

Aufgrund der zeitlichen Beschränkung wurde folgende Testreihe ausgewählt:

männliche Versuchspersonen: Bild 1,2,3BM,4,5,6BM,7BM,8BM,12F, 13MF und 14.

weibliche Versuchspersonen: Bild 1,2,3GF,4,5,6GF,7GF,8BM,12F, 13MF und 14.

Die Auswahl des Bildmaterials erfolgte nach dem Gesichtspunkt der Valenzuntersuchungen über das Bildmaterial des *TAT*, um einen möglichst breiten Bereich möglicher Konfliktsituationen anzusprechen.

Aufgrund der bereits unter Punkt 1 zusammengefaßten Untersuchungsschwierigkeiten und der begrenzten zeitlichen Möglichkeiten waren Informationsmöglichkeiten, die durch die Exploration der lebensgeschichtlichen Entwicklung gegeben sind, auf ein Minimum beschränkt. - Damit entfallen für die Auswertung des *TAT* eine Reihe von individualdiagnostisch relevanten Aussagemöglichkeiten.

Die untersuchten Versuchspersonen

Insgesamt wurden 39 Versuchspersonen mit Hilfe dieses psychodiagnostischen Verfahrens im Einzelversuch untersucht. Auf die drei Untersuchungsgruppen verteilten sich die Versuchspersonen wie folgt:

Geschlecht	Untersuchungsgruppen			
	B I	B II	D	Summe
männlich	10	11	11	32
weiblich	3	1	3	7
Summe	13	12	14	39

Mit Ausnahme der experimentellen Literatur-Produzenten konnten dieselben Versuchspersonen, die mit Hilfe des *WZT* untersucht wurden, getestet werden. Von der ersten Gruppe (B I) stellten sich 12 Personen, die sich auch dem *WZT* unterzogen hatten, zur gegenständlichen Testuntersuchung zur Verfügung. Hinzu kam eine Person, die den *WZT* nicht durchführte, während 4 Personen teils aus Zeitmangel, teils aus Verärgerung unterschiedlichster Art sich weigerten, als Testperson für den *TAT* zu fungieren.

Hinsichtlich der Altersverteilung ergaben sich in Relation zur Gesamtverteilung wie auch zur Altersverteilung der mit dem *WZT* Untersuchten nur minimale und unbedeutende Verschiebungen. Ähnliches ist für die weiteren spärlichen sozialbiographischen Daten festzustellen.

Altersgruppen	Untersuchungsgruppen			
	B I		B II	D
Lebensjahre	TAT	WZT	TAT/WZT	TAT/WZT
unter 25	0	0	8	1
26-30	0	0	4	2
31-35	0	0	0	1
26-40	3	4	0	0
41-45	2	2	0	2
46-50	5	6	0	4
51-55	2	3	0	2
56-60	1	2	0	0
über 60	0	0	0	2
Summe	13	17	12	14

Hinsichtlich der von den Untersuchten aufgegriffenen Thematik läßt sich bei den einzelnen Untersuchungsgruppen keine auffällige Abweichung von den empirisch ermittelten Valenzen der Testtafeln ableiten.
Ohne daß man dabei von einer eigentlichen abweichenden Apperzeption der Testtafeln sprechen kann, verdient die Häufigkeit Beachtung, mit der von allen drei Untersuchungsgruppen Kritik an der Klischeehaftigkeit der Bilddarstellungen geübt wurde.

Als eines der hervorstechendsten Ergebnisse fällt zunächst auf, daß die Gruppe der experimentellen Literatur-Produzenten sich von

den übrigen beiden Untersuchungsgruppen dadurch unterscheidet, daß gerade die durch die Testinstruktion geforderte Art einer narrativen Erzählung und Gestaltung eines Handlungsablaufes dem Kunstverständnis dieser Gruppe widerspricht.
Nach den herkömmlichen Auswertungsgesichtspunkten würde dies auf eine konflikthafte und abwehrende Haltung gegenüber der durch das Testmaterial aufgeforderten Thematik oder überhaupt gegenüber dem gesamten Test sprechen.
Im Falle dieser speziellen Untersuchungsgruppe drücken sich aber damit in erster Linie überwertig anmutende Ablehnungen gegen traditionelle Formen der Literaturgestaltung aus, die gewissermaßen zum Lebensideal erhoben werden, und demgegenüber inhaltliche Themen, die durch das Bildmaterial angesprochen werden, entweder überhaupt nebensächlich oder durch ihre als klischeehaft empfundene Darstellung zu massiver Kritik an Rollenschemata aus "der Mottenkiste der heilen bürgerlichen Welt" - wie dies eine Versuchsperson ausdrückte - provozieren.
Findet sich, verglichen mit der hier in Frage kommenden Gesamtpopulation, auch bei den übrigen beiden Untersuchungsgruppen gehäuft Kritik an den Testtafeln - vor allem zu Bild 2 und 4BM -, so stellt die Häufigkeit dieser Art von Bildkritik für die experimentellen Literatur-Produzenten eine außergewöhnliche Besonderheit dar.
Ähnlich der Kritik an der Darstellung der "heilen Welt" in ihren "stilistischen Blüten" bildnerischer Gestaltung - eine zum Teil durchaus nachvollziehbare Kritik an einem rund 40 Jahre alten Bildmaterial -, lösen einzelne Testtafeln vermehrt heftigste Kritik an der Verherrlichung totalitärer Macht aus. Zu diesen Darstellungen gehören Tafel 2, 4 und im beschränkten Ausmaß auch 8BM, 13MF und 14, wobei die drei letzten Testtafeln primär durch die Auslösung massiver und rational verarbeiteter Ängste in der Konfrontation mit Gewalt und manifester Aggression gekennzeichnet sind.
Eine erste vergleichende Analyse der *TAT*-Geschichten hatte die induktive Ermittlung auffälliger Daten zum Ziel. Der gewählten Auswertungsmethode zufolge wurde auf kein festgelegtes Kategorienschema zurückgegriffen. Vielmehr ging es darum, für jeden einzelnen Probanden Einstellungen, individuelle Eigenheiten

und Auffälligkeiten, insbesondere vorherrschende Konfliktsituationen abzuleiten.
Dieser Vorgangsweise waren allerdings durch fehlende Möglichkeit, einzelne Interpretationshypothesen auf die Lebensgeschichte hin zu überprüfen und entsprechend zu präzisieren, entscheidende Grenzen gesetzt.
Die gewissermaßen in Art einer "Blinddiagnose" gewonnenen Befunde lassen sich vier Problembereichen zuordnen, und zwar:

1. Beziehung zur Elternfamilie
2. Einstellung zur Sexualität und zur erotischen Partnerschaft
3. Soziale Anpassung und Integration
4. Einstellung zur beruflichen Situation
5. Als eine Art übergeordneter Themenkreis läßt sich darüberhinaus eine Art integrativer Problembereich durch die Thematik der Identitätsfindung und Selbstgestaltung aufstellen.

ad 1.)
Die Häufigkeit, mit der einzelne Probleme im Zusammenhang mit der Beziehung zur Elternfamilie behandelt wurden, verteilte sich auf die drei Untersuchungsgruppen wie folgt:

	B I	B II	D	Summe
Die Lösung von primären emotionellen Bezugspersonen	6	9	13	28
Das Erlebnis autoritären Leistungsdrucks	4	5	7	16
Zwang zur Rollenkonformität	4	5	4	13
Die Problematik elterlicher Orientierungshilfe	2	5	3	10
Die gestörte Beziehung zu elterlichen Bezugspersonen	6	3	3	12

Statistisch gesicherte Unterschiede zwischen den einzelnen Untersuchungsgruppen konnten ausschließlich für den Problembereich der Ablösung von elterlichen Bezugspersonen ermittelt werden.
Die nachfolgende Tabelle gibt einen Überblick über die unter-

schiedliche Häufigkeit, mit der dieser sehr wesentliche Themenkreis von den Untersuchungsgruppen aufgegriffen und problematisiert wird:

	B I	B II	D	Summe
Ablösungsthematik behandelt	6	9	13	28
Ablösungsthematik nicht behandelt	7	3	1	11
Summe	13	12	14	39

Das ermittelte X^2 von 7.3386 läßt unter Berücksichtigung der Freiheitsgrade der oben angeführten Verteilung den Schluß zu, daß die drei untersuchten Gruppen überzufällig und mit einer statistischen Irrtumswahrscheinlichkeit, die unter 2.5 Prozent liegt, in ihrer Häufigkeit voneinander abweichen.
Aufgrund der ableitbaren Häufigkeiten handelt es sich hier in erster Linie um Unterschiede, die zwischen den Gruppen B I und D feststellbar sind. - Demgegegenüber unterscheiden sich die schriftstellerisch tätigen Studenten von den experimentellen Literaten nur wenig und unbedeutend.
Dies läßt zumindest den Schluß zu, daß die Thematik der Ablösung gefühlsmäßiger Bindungen zu elterlichen Bezugspersonen für die ersten beiden Untersuchungsgruppen (B I und B II) eine geringere Aktualität und Virulenz ausweist. Hingegen stellt dieser Themenkreis für die Gruppe der nicht-experimentellen Literatur-Produzenten ein ungleich relevanteres Problem dar. Berücksichtigt man dabei noch die unterschiedliche Altersverteilung und geht man davon aus, daß jüngere Personen, die z. T. noch in einem erheblicheren Abhängigkeitsverhältnis zu ihrem Elternhaus stehen, und demzufolge für diese Gruppe eine größere Aktualität dieses Themenkreises zu erwarten gewesen wäre, so gewinnt dieses Ergebnis eine zusätzliche Bedeutung.

ad 2.)
Die Häufigkeit, mit der einzelne Problembereiche im Rahmen der geschlechtlichen Partnerschaft und der Sexualität thematisiert

wurden, verteilt sich folgendermaßen:

	B I	B II	D	Summe
psychosexuelle Konflikte	7	10	7	24
die Problematik devianter Sexualität	3	2	0	5
Konflikte und Belastungen innerhalb der erotischen Partnerschaft	7	4	7	18

Die ermittelten Unterschiede liegen samt und sonders im Bereich zufälliger Schwankungen. Statistisch gesicherte Unterschiede für die einzelnen Problembereiche waren nicht ableitbar. Darüberhinaus deuten sich zu den einzelnen Themenbereichen sehr unterschiedliche Schwerpunkte bzw. sehr heterogene Konfliktpunkte an, die aber aufgrund der geringen Häufigkeiten bzw. aufgrund der geringen Anzahl der Versuchspersonen nicht mehr sinnvoll auf signifikante Unterschiede überprüfbar sind.

ad 3.)
Fragen der sozialen Anpassung und der gesellschaftlichen Integration wurden, wie nachfolgende Tabelle zeigt, innerhalb der drei Untersuchungsgruppen wie folgt behandelt:

	B I	B II	D	Summe
Bedrohung durch totalitäre Machtverhältnisse und Gewalt	10	1	8	19
Ablehnung konventioneller Klischees und Rollenstereotypen	8	5	3	16
Auseinandersetzung mit gesellschaftlichen Mißständen	10	6	8	24

Ausgesprochen signifikante Unterschiede (bei einer Irrtumswahrscheinlichkeit von weniger als einem Prozent) lassen sich zu der Häufigkeit feststellen, mit der das Problem der Auseinandersetzung mit totalitären Machtverhältnissen, gesellschaftlicher Repression und Gewalt thematisiert wurde. Die nachfolgende Tabelle unterstreicht die unterschiedliche Häufigkeitsverteilung:

Problembereich totalitärer Machtverhältnisse	B I	B II	D	Summe
thematisiert	10	1	8	19
nicht thematisiert	3	11	6	20
Summe	13	12	14	39

$x^2 = 12.3677$

Die vorgefundene überzufällige Häufigkeitsverteilung dieses Problembereichs geht auf das unterschiedliche Verhalten schriftstellerisch tätiger Studenten zurück. Diese Gruppe (B II) unterscheidet sich hochsignifikant von den experimentellen Literatur-Produzenten. Gegenüber den nicht-experimentellen Literatur-Produzenten lassen sich aber ebenfalls schwach gesicherte Unterschiede ableiten.
Die Unterschiede zwischen experimentellen und nicht-experimentellen Literatur-Produzenten müssen hingegen als unbedeutend beurteilt werden. Dieses Ergebnis überrascht zunächst insofern, als die daraus ableitbare Unterstellung, schriftstellerisch tätige Studenten seien in einem deutlich geringeren Ausmaß von der thematischen Fragestellung betroffen, nicht so ohne weiteres zu erwarten war, nicht zuletzt deshalb, weil ein Großteil der untersuchten Studenten mit dem Studium sozialwissenschaftlicher Disziplinen befaßt war.
Andererseits liegt die unmittelbare berufliche Auseinandersetzung der beiden anderen Untersuchungsgruppen und die damit verbundene Auseinandersetzung mit subjektiv erlebten gesellschaftlichen Zwängen und Repressionen als Ursache dieser Befunde nahe.

Wie weit sich aus der geringen Häufigkeit, mit der dieser Themenkomplex bei der Gruppe der Studenten problematisiert wurde, eine interessante Diskrepanz zwischen tatsächlich gelebten Ver-

haltensmustern und rational übernommenen Standards ableiten läßt, kann aufgrund dieser Untersuchung mehr spekulativ vermutet als hypothetisch unterstellt werden.
In allen weiteren Themata, die zu diesem dritten Problemkreis behandelt wurden, unterschieden sich die Untersuchten nur wenig voneinander.

ad 4.)
Ein vierter Themenkomplex, in dem es um die Auseinandersetzung mit der beruflichen Situation geht, läßt sich bei den untersuchten Versuchspersonen nur bedingt ableiten.
Dieses Ergebnis ist in erster Linie darauf zurückzuführen, daß sich die damit verbundenen Probleme vor allem auf die Auseinandersetzung mit gesellschaftlich vorgegebenen Erwartungen, Rollensystemen und Zwängen (wie sie oben beschrieben wurden) zurückführen lassen.
Vereinzelt lassen sich bei einigen der Untersuchten Probleme im Zusammenhang mit der Thematik des beruflichen Erfolges, der Leistungsmotivation oder spezieller beruflicher Sorgen und Konflikte ableiten. Diese stehen allerdings, sofern sie überhaupt thematisiert wurden, derart zentral im Kontext der gesellschaftlichen Anerkennung, daß sie unter Punkt 3.) zu subsumieren sind.
Entgegen diesen Befunden zeichnen sich aus den Gesprächen mit den untersuchten Versuchspersonen (außerhalb der eigentlichen Untersuchungssituation) bei einer größeren Zahl sehr schwerwiegende Sorgen und Ängste ab. Diese nehmen im Einzelfall das Ausmaß regelrechter Existenzangst an. Davon betroffen waren vor allem Schriftsteller der Untersuchungsgruppe (D).
Unabhängig von dieser Gruppe läßt sich für den Großteil der untersuchten Versuchspersonen sehr unverhohlen die Ansicht ableiten, daß es so gut wie unmöglich ist, von der eigentlichen künstlerischen Tätigkeit zu leben und daß man sich gezwungenermaßen einem Markt zu unterwerfen habe, der über gesellschaftliche Anerkennung und damit materielle Unabhängigkeit entscheidet.
Letztlich deuten diese gesprächsweisen Mitteilungen an, in welchem Ausmaß das Problem der sozialen Integration und Anpas-

sung mit der eigentlichen beruflichen Problematik verbunden ist.
Trotz allem Selbstverständnis, mit dem sich die Gruppe der experimentellen Literaten von traditionellen Vorstellungen abzuheben scheint, wird hier unschwer dieselbe Problematik erkennbar.
Aufgrund der begrenzten Möglichkeiten zu einem eingehenderen und planmäßig-systematischen Gespräch zu diesen Fragen können dazu nur sehr spekulative Vermutungen angeführt werden.
Hervorzuheben ist dabei, daß sich die Gruppe der "experimentellen" Literaten nach jahrelangem Ringen um gesellschaftliche Anerkennung eine Art elitäres Selbstverständnis erworben hat, daß aber trotz allem Selbstverständnis die Abhängigkeit von materiellen Zuwendungen durch gesellschaftliche Institutionen ein ganz zentrales Problem darstellt, das in Diskrepanz zum künstlerischen Selbstverständnis steht.

ad 5.)
Die Häufigkeit, mit der das Thema der Identitätsfindung und der Seblstgestaltung von den einzelnen Probanden der drei Untersuchungsgruppen behandelt wurde, verteilte sich wie folgt:

Themenkreis	B I	B II	D	Summe
das Problem der gestörten Selbstverwirklichung	8	10	6	24
egozentrische Verkapselung	4	8	5	17
Kompensation persönlicher Schwierigkeiten durch künstlerische Tätigkeit	0	1	1	2
Selbstdestruktive Reaktionsformen	4	1	4	9

Die vorgefundenen Unterschiede liegen mit Ausnahme der Thematik der "egozentrischen Verkapselung in der eigenen Phantasie- und Vorstellungswelt" im Bereich des Zufalles. Auch bei dem zuletzt angesprochenen Merkmal handelt es sich um eine unter-

schiedliche Häufigkeitsverteilung, die mit mehr als 5 Prozent Irrtumswahrscheinlichkeit gekennzeichnet ist.
Kalkuliert man hier altersbedingte Heterogenität der untersuchten Gruppen mit ein, so liegt es nahe, daß die Identitätsfindung und die Selbstgestaltung allein aus diesem Grunde bereits ein aktuelleres Problem darstellt.
Streng genommen müssen die zu diesem Themenkreis abgeleiteten Unterschiede aber dem Bereich zufälliger Schwankungen zugeordnet werden.
Als das herausragende Ergebnis dazu müssen die Thematisierung gesellschaftlicher Zwänge und Machtansprüche und die Auseinandersetzung mit klischeehaften Rollenerwartungen genannt werden, wie sie im *TAT* zum Ausdruck gebracht wurden.
Die Diskrepanz zwischen den subjektiv erlebten Rollenerwartungen und den eigenen Intentionen, Einstellungen und Bedürfnissen wird in erster Linie bei den experimentellen Literatur-Produzenten deutlich. - Daraus läßt sich eine erhöhte Konfliktbelastbarkeit ableiten, nach der sich aber, den ermittelten Ergebnissen zufolge, weniger nicht-experimentelle von experimentellen Literatur-Produzenten als vielmehr hauptberufliche Literaten von schriftstellerisch tätigen Studenten unterscheiden.
Als die naheliegendste Erklärung kann die damit verbundene Abhängigkeit von einer wirtschaftlichen und materiellen Existenzsicherung angeführt werden, die nolens volens zu Kompromissen führt, die dem eigenen künstlerischen Selbstverständnis widersprechen.
In diesem Zusammenhang drängt sich die nicht beantwortbare Frage auf, wieweit hier nicht die selektive Auswahl der Gruppe der nicht-experimentellen Literatur-Produzenten, von denen nur einige wenige - gemessen an ihren finanziellen Honoraren - erste, vermeintliche Erfolge zu erzielen glaubten, maßgeblich an den geringen und unbedeutenden Unterschieden in dieser Frage verantwortlich ist.
Soweit aus den verschiedenen gesprächsweisen Äußerungen (im Rahmen der Testuntersuchungen) ableitbar, billigte es sich kaum einer der Untersuchten zu, seinen Lebensunterhalt allein aus der Tätigkeit bestreiten zu können, die er als seine eigent-

liche künstlerische Aufgabe ansah.
Die damit zusammenhängenden Unterschiede zwischen experimentellen und nicht-experimentellen Literatur-Produzenten resultieren primär daraus, daß die letzte Gruppe häufiger gezwungen ist, sich mit beruflichen Tätigkeiten "über Wasser zu halten", die mit ihren künstlerischen Intentionen so gut wie nichts zu tun haben. Demgegenüber handelte es sich bei den experimentellen Literatur-Produzenten um eine Gruppe, der es im Laufe langjähriger Tätigkeit gelungen ist, durch Subventionen, Rundfunk- und Fernsehaufträge, durch journalistische Tätigkeiten oder durch wissenschaftliche bzw. pädagogische Tätigkeiten ein halbwegs respektables Auskommen zu finden.
Für eine konkrete weiterführende Untersuchung bietet sich hier eine subtile semistrukturierte Exploration im Einzelversuch an, bei der gleichermaßen auf die Animosität der in Frage kommenden Versuchspersonen gegenüber strukturierten Befragungsmethoden wie auch auf die grundsätzliche Schwierigkeit, derart konfliktbesetzte Themen zu explorieren, Rücksicht genommen werden kann. Sofern es gelingt, hier ausgesprochen repräsentative Vertreter einzelner Gruppen untersuchen zu können, erscheint eine eingehende kasuistische Studie weniger Fälle durchaus zielführender zu sein.
Versucht man, auf den Zusammenhang zwischen den in der Untersuchung thematisierten Persönlichkeitsmerkmalen näher einzugehen, so ergibt sich folgendes Bild.
Feststeht, daß aufgrund der empirisch ermittelten Testbefunde im *WZT* hinsichtlich der Merkmale, die als Symptom für Extravertiertheit bzw. Introvertiertheit interpretiert werden können, kein wie immer gesicherter Unterschied abgeleitet werden kann.
Festzuhalten ist aber auch, daß die beiden hier besprochenen Testverfahren nur im begrenzten Ausmaß geeignet sind, die Persönlichkeitsdimension Introversion vs. Extraversion gültig und zuverlässig zu erfassen. - Von den applizierten Testverfahren ist dafür noch am ehesten der *FPI* geeignet.
Die Annahme etwaiger Unterschiede hinsichtlich der Ausprägung einzelner intellektueller und kognitiver Funktionen ist bei den gegenständlich besprochenen Testverfahren (*TAT/WZT*) weder

in quantitativer noch in qualitativer Hinsicht möglich. - Von den applizierten Testverfahren sind dazu in erster Linie die angewandten Intelligenztests kompetent.
Letztlich ist aber davon auch die Frage nach Unterschieden zwischen den untersuchten Gruppen bezüglich des Merkmals "Kreativität" betroffen.
Ohne den Sachverhalt mit der notwendigen Ausführlichkeit diskutieren zu können, ist den Ergebnissen des *TAT* wie des *WZT* zufolge festzuhalten, daß sich die untersuchten Gruppen nach den Testindikatoren, die für die Beurteilung des Konstruktes Kreativität herangezogen werden können, mit Sicherheit nicht voneinander unterscheiden.
Aller Wahrscheinlichkeit nach resultiert dieses Ergebnis aus der Tatsache, daß in beiden Tests in erster Linie die beiden Gegensatzpaare "Originalität vs. vulgäre Klischeehaftigkeit" und "Skurrilität vs. Anpassung an konventionelle Denk- und Vorstellungsschemata" herangezogen werden können.
Der eigenen Auffassung gemäß scheint es für eine weiterführende Untersuchung unumgänglich zu sein, das Merkmal Kreativität im Sinne einer operationalen Konstruktbildung zu definieren, um es überhaupt methodisch-empirisch messen oder kategorisieren zu können.
Vom meßtheoretischen Standpunkt aus ist keines der gegenwärtig bekannten Testverfahren auch nur annähernd geeignet, das gegenständliche Merkmal zuverlässig, gültig und objektiv zu erfassen. Nicht zuletzt deshalb, da nicht hinreichend abgeklärt ist, durch welche Eigenheiten das Konstrukt Kreativität überhaupt definiert ist, sieht man davon ab, daß es entscheidend durch die Kategorie Originalität (im Gegensatz zu Banalität) intellektueller wie auch sozialer Leistung definiert ist.
Zur Frage unterschiedlicher Ausprägungen charakteristischer Eigenheiten emotioneller Merkmale der Persönlichkeit der untersuchten Versuchspersonen ist festzuhalten, daß sich weder in der Frage der Dillatiertheit der Emotionalität noch in der Steuerbarkeit der Gefühlswelt oder der Stimmungsabhängigkeit der Versuchspersonen ein halbwegs gesicherter Unterschied eruieren läßt.

Trotz aller meßtheoretischer Fehlerquellen, an denen es bei der empirischen Datenerhebung wahrlich nicht mangelt, läßt sich kein entscheidendes Indiz dafür ableiten, daß ein nennenswerter Zusammenhang zwischen der Zugehörigkeit zu einer der drei Gruppen von Literaturproduzenten und Aspekten der emotionellen Persönlichkeitsstruktur unterstellbar ist.
Demgegenüber läßt sich bei der Gruppe der experimentellen Literatur-Produzenten ein Maß an Überzeugung der eigenen Rationaltität und Wissenschaftlichkeit festhalten, das in erster Linie der grundsätzlichen Ablehnung traditionsgeleiteter Ausdrucksformen entspricht.
Unabhängig von aller Relativität, darüber zu entscheiden, was im Sinne einer philosophisch-ästhetischen Betrachtung als künstlerisches Produkt zu betrachten ist, steht das Faktum, daß dem expressis verbis mitgeteilten künstlerischen Selbstverständnis ein auffälliger Widerspruch anhaftet. Dieser Widerspruch, sofern es sich hier nicht um ein legitimes Mittel der Selbstironie handelt, das bisweilen die Grenzen der Selbstdestruktivität erreicht zu haben scheint, ist charakterisiert durch ein außergewöhnliches und in jedem Fall entscheidend emotionell bestimmtes Festhalten an der Überzeugung, hier bestimme der Intellekt die als künstlerisch definierten Aktivitäten.
Beschränkt man sich an dieser Stelle auf eine empirisch-psychologische Prüfung der gegenständlichen Hypothese, so ist festzuhalten, daß sich die untersuchten Gruppen hinsichtlich ihrer primär gefühlsmäßigen und "sinnlich-triebhaften" Persönlichkeitseigenheiten nicht grundsätzlich voneinander unterscheiden, wohl aber in ihrer Selbsteinschätzung hinsichtlich des Primates einer rationalen Steuerung des Verhaltens und der künstlerischen Produktivität.
Die Annahme, daß es sich dabei im Einzelfall um eine Selbstüberschätzung handelt, ist aufgrund der erhobenen Testbefunde ebensowenig überprüfbar wie die Frage, wieweit es sich um ein rational teilweise auch sehr ökonomisch eingesetztes Stilmittel handelt.
Die schon irrational anmutende Beharrung, mit der Rationales und Irrationales umkehrbar und vertauschbar wird, hat zweifel-

los etwas mit Originalität und Kreativität zu tun, wenn man dies aus der Tradition der Kultur heraus betrachtet. Die Frage, was daran so emotionslos bzw. so durch und durch rational sein soll, ist schnell beantwortet, wenn man die minimalsten Kriterien eines empirisch-wissenschaftlichen Arbeitens anlegt.
Wenn im Rahmen dieses eher ungewöhnlichen Abschnittes einer empirisch-psychologischen Untersuchung überhaupt etwas mit einer einigermaßen gesicherten Wahrscheinlichkeit ausgesagt werden kann, so das, daß es der Gruppe experimenteller Literatur-Produzenten in keinem Fall an emotionellem Engagement als wesentlichem Antriebselement ihrer künstlerischen Aktivitäten mangelt.
Geht man von der Überlegung aus, daß als ein wesentliches Moment (von insgesamt 5 als wesentlich gleichrangig beurteilten Kriterien) eines Motivationsprozesses ein "starker und langanhaltender Kräfteeinsatz, besonders, wenn sich Hindernisse in den Weg stellen", nach Heckhausen (1963:4) zu gelten hat, so trifft dies - weniger aufgrund der Testbefunde als aufgrund der schon nach kurzen Gesprächen ableitbaren biographischen Entwicklung - auf die Vertreter der Gruppe der experimentellen Literatur-Produzenten zu.
Die "interindividuelle Unterschiedlichkeit bei relativer Situationsunabhängigkeit des Verhaltens", um ein weiteres Kriterium für motiviertes Verhalten zu nennen (vgl. Heckhausen, 1963:4), trifft für diese Gruppe nicht minder zu, wenn man sie in Relation zu den beiden anderen Untersuchungsgruppen stellt.
"Der gerichtete oder geordnete Phasenablauf der psychischen und motorischen Gesamtaktivität" mit einer im Einzelfall erstaunlichen, über Jahrzehnte gehenden, imponierenden Hartnäckigkeit, bei der entscheidende Wahrnehmungs-, Gedächtnis-, Denkleistungen und motorische Exekutive entscheidend auf ein Ziel hin ausgerichtet sind, ist ein nicht minder wesentliches Kriterium für einen hochmotivierten Prozeß, wie die aus der fragmentarischen Kenntnis der Biographie einzelner Vertreter der experimentellen Literatur-Produzenten nachweisbaren "auffälligen Abweichungen psychischer Funktionsleistungen vom Vorgegebenen, Üblichen, Fehlleistungen ...", die "besonders kraß" in

augenscheinlichen "Fehlleistungen" dokumentiert wird (vgl. Heckhausen, 1963:4).
Weniger aus den gesprächsweisen Äußerungen, als vielmehr aus der indirekten Exploration mit Hilfe des *TAT* wird ein letztes, entscheidendes Kriterium eines motivierten Prozesses im Rahmen der künstlerischen Aktivitäten der Gruppe der experimentellen Literatur-Produzenten unübersehbar. Gemeint ist hier eine Art "Binnenleben von emotioneller bzw. dranghafter Natur, die sich auf bestimmte Objekte und Ereignisse richten ..." (vgl. Heckhausen, 1963:4).
Man könnte an dieser Stelle mehrere namhafte Vertreter einer akzeptablen Motivationspsychologie anführen, denen das Verdienst zukommt, das Augenmerk von einem primitiven Energiekonzept auf ein diffiziles kognitives Steuerungsmodell menschlichen Verhaltens gelenkt zu haben.
Auf die thematische Fragestellung bezogen sei festgehalten, daß es sich bei den künstlerischen Aktivitäten experimenteller Literatur-Produzenten in jedem Fall um einen derart hochmotivierten Prozeß außergewöhnlicher Verhaltensweisen handelt, der einem nicht nur angesichts des in Kauf genommenen Verzichtes auf selbstverständliche Bequemlichkeiten Achtung abnötigt.

Festzuhalten ist weiter, daß sich aufgrund der gegenständlich referierten Testergebnisse dispositionelle Unterschiedlichkeiten, die das untersuchte Verhalten im Sinne eines "Vorläufermotives" partiell erklären könnten, nicht nachweisen lassen.

Zur Absicherung wären dazu eine Reihe aufwendiger Untersuchungen notwendig, die allerdings mehr im Detail als im Grundsätzlichen eine Abklärung bringen könnten.
Geht man davon aus, daß das Verhalten eines Menschen - sehr vereinfacht ausgedrückt - nicht nur durch dispositionelle, zumindest fiktiv neurophysiologisch faßbare Antriebsvariablen, sondern sehr wesentlich durch situative Schlüsselreize und vor allem durch die Summe der Lebenserfahrung (definiert als die Summe der "habits", der sogenannten letzten Einheiten einer Reiz/Reaktionsverknüpfung) bestimmt ist, so liegt hierzu der Ansatz einer weiterführenden Untersuchung auf der Hand.
So interessant Unterschiedlichkeiten einzelner Persönlichkeitskonstrukte auch sein mögen, von zentraler Bedeutung ist die

Feststellung der Fragen, was veranlaßt einen Menschen - trotz aller annähernd gleich ausgeprägten strukturellen Persönlichkeitskomponenten -, diesen und nicht jenen Weg zu beschreiten, der in einem ungewöhnlichen Ausmaß die Grenzen zwischen sozialer und personaler Identität zu verwischen droht.
Bei allem Respekt vor den derzeit zugänglichen Testmethoden kann hier die Methode der Wahl nur eine außerordentlich subtile Explorationstechnik sein, vorausgesetzt, es gelingt, die notwendige Aussagebereitschaft und das entsprechende Vertrauen vorweg zu erzielen.
Damit kann zumindest die fragmentarische Kenntnis des Lebensweges und weichenstellender "Schlüsselreize" im Ansatz erfahren werden.
Daß die ganz augenscheinliche Diskrepanz zwischen einer Überbetonung rationaler Methoden (deren logische Rationalität überprüfbar ist) und einer Abwertung emotioneller Verhaltensweisen (die im Rahmen der weiteren Verhaltensäußerungen nicht minder aktuell ist, wie bei allen anderen Untersuchungsgruppen) besteht, erhärtet zumindest die Hypothese, daß es sich gegenständlich um eine mehr oder minder konflikthaft abgewehrte Emotionalität, Sinnlichkeit und bildhafte Phantasie handeln könnte, die zumindest partiell diese Art künstlerischer Produktivität determiniert.
Die Annahme, daß das Ausmaß an ertragener Diskrepanz zwischen den gesellschaftlich determinierten Rollenerwartungen und den tatsächlich praktizierten Verhaltensmustern ein Grad für so etwas wie psychische Widerstandsfähigkeit oder Gesundheit sein soll, ist grundsätzlich - und ohne neue empirische Untersuchungen - widerlegbar und - soweit nicht entscheidend neue Ansätze in die Argumentation gebracht werden - auch nicht vertretbar.

Ein gesteigertes Ausmaß an Selbstbeharrung, das im Extremfall bis zu einer solipsistischen Schizoidie oder noch weiter gehen kann, ist und kann nicht Maßstab einer "psychischen Gesundheit" sein. Ohne hier die derzeit nur unbefriedigende Frage nach Krankheit vs. Gesundheit bzw. die nicht minder problematische Frage nach der Normalität vs. Anormalität (Abnormität oder Abartigkeit etc.) aufzuwerfen, sei an einen Orientierungsansatz erinnert, der sich aus den Begriffsbestimmungen der WHO-Gesundheitsorganisation ableitet (vgl. H. Enke et al., 1973:288ff.).

Aus klinisch-psychologischer Sicht oder aus psychopathologischer Betrachtung läßt sich dazu lediglich anführen, daß eine Reihe von hysteroiden, phobischen und angstneurotischen Reaktionsformen ebenso wie der Großteil der bekannten "psychopathetischen" Reaktionsformen mehr unwahrscheinlich als wahrscheinlich ist. Daneben bleibt eine Reihe von abnormen Reaktionsformen unabgeklärt, soweit sie sich durch eine augenscheinliche "Ich-Stabilität" auszeichnen. Zur Abklärung der Frage, wieweit experimentelle Literatur-Produzenten weniger neurotisch sind als andere Literaten oder der gemeinhin als Normalbürger umschreibbare Zeitgenosse, wären eine Reihe weiterer, an sich durchführbarer Untersuchungsmethoden notwendig.
Gemessen an dem Grad der durch den *TAT* und den *WZT* abschätzbaren Identitätsstörungen - unterstellt als Grad einer erlebnismäßig gestörten Persönlichkeitsentwicklung -, fällt mehr die Häufigkeit der neurotischen Stigmatisierung der Gesamtheit der Untersuchten als die Unterschiedlichkeit der Untersuchungsgruppen hinsichtlich dieses Merkmals auf.
Mit einer an Sicherheit grenzenden Wahrscheinlichkeit läßt sich hingegen unterstellen, daß keine der untersuchten Gruppen neurotischer oder psychopathischer oder - soweit fachlich kompetent - gar psychotischer sei als die andere.
Bei aller Resolutheit und bei allem empirisch-wissenschaftlichen Flair, mit dem man quasi "hemdsärmelig" an das methodisch kaum bewältigbare Problem heranstolpert, ist der mögliche Ansatz der methodologischen Klärung einzelner, von seiten der Psychologie wissenschaftlich beantwortbarer Fragen nicht zu übersehen.
Neben allen möglichen akzessorisch-informativen Testergebnissen ist in erster Linie eine soweit als möglich fortgeführte Anamnese und Exploration der Untersuchten notwendig, auch dann, wenn es sich nur um einige wenige, dafür aber umso gründlicher untersuchte Lebensschicksale handelt.
Das eigentliche Problem liegt dabei weniger im diagnostisch-methodologischen Bereich, auch wenn sich hier eine Reihe schier unlösbarer Aufgaben stellt, als vielmehr in der Möglichkeit, einen halbwegs gangbaren Weg zu einer Aussagebereitschaft zu

finden, bei der eine entsprechend notwendige Vertrauensbasis zwischen Versuchsleiter und Versuchsperson provoziert werden kann.

Resumierend ist daher anzuführen, daß unabhängig von den aufgestellten Zusammenhängen zwischen den dispositionellen und/oder erworbenen Fähigkeiten intellektueller und/oder kognitiver Art der Schwerpunkt einer ernsthaften Weiterführung der thematischen Untersuchung sich primär nur auf zweierlei konzentrieren darf, nämlich:

- auf eine gründliche Analyse sozialer Bedingungen, unter denen überhaupt literarisch-produktive Aktivitäten möglich sind und als solche erkannt werden;
- auf psychodynamische Voraussetzungen, unter denen zum einen Bedürfnisse den Erwartungen gesellschaftlicher Vorstellungen nach literarischer oder überhaupt nach künstlerischer Produktivität geweckt, zum zweiten aufrechterhalten oder unterhalten werden und zum dritten einseitig oder beidseitig befriedigt werden.

KAP. 7 PROJEKTERGEBNISSE

7.1 Zusammenfassung der Ergebnisse

7.1.1 Wie zu erwarten war, hat unser Projekt nur teilweise die Ergebnisse gebracht, die wir uns gewünscht hatten. Das lag einmal - wie berichtet - daran, daß die experimentellen Literatur-Produzenten sich als sehr schwierige und hochgradig sensibel reagierende Versuchspersonen erwiesen, bei denen aufgrund eines schwerwiegenden Störfalls ein für unsere Zwecke wichtiger Testbereich ausfiel. Das lag zum anderen daran, daß die verwendeten Tests bei der kleinen Zahl von Versuchspersonen keine signifikanten Unterschiede zwischen den untersuchten Gruppen ergaben.
Und das lag schließlich daran, daß - bedingt durch skeptische Einstellung der experimentellen Literatur-Produzenten zu psychologischen Versuchen überhaupt und der dadurch erschwerten allgemeinen Versuchssituation - die für die projektiven Tests ergänzend wichtigen Einzelgespräche zu den einzelnen Biographien nicht bzw. nicht vollständig genug geführt werden konnten.
Bei der Darstellung der Ergebnisse ist weiterhin zu berücksichtigen, daß wir - wie bereits erwähnt - aus Gründen des Persönlichkeitsschutzes keine Einzelergebnisse für bestimmte Versuchspersonen veröffentlichen können; gerade hier aber haben sich interessante Aspekte gezeigt, wenn man alle Testergebnisse einer Versuchsperson zusammenstellt und sie mit denen anderer Versuchspersonen vergleicht.
Die Ergebnisse, die wir veröffentlichen können, beziehen sich also jeweils auf die Gesamtgruppen der Versuchspersonen. Stellt man die in den vorigen Kapiteln im einzelnen dargestellten Resultate in Beziehung zu den Ausgangsannahmen unseres Projekts, so ergibt sich folgendes abschließende Bild:

Zu den Annahmen A1a und A1b
Unsere Ergebnisse lassen darauf schließen, daß sich die beiden Annahmen nicht etwa ausschließen sondern durchaus ergänzen. D. h., daß innovatorische Einstellung im LITERATUR-System und experimentelle Literarische Produktion gekoppelt sind an hohe Intelligenz als Persönlichkeitsmerkmal und an poetologische

Favorisierung von Rationalität. Experimentelle Literatur-Produzenten zeigen ein ausgeprägtes Interesse für theoretische Fragestellungen, durch das sie sich signifikant von den anderen untersuchten Literatur-Produzenten unterscheiden (cf. die Belege in Kap. 5.1.1). Dieses Interesse geht zusammen mit einer ebenfalls nachweisbaren ausgeprägten sprachlich-theoretischen Begabung (cf. Kap. 5.2.1.1). Diese Befunde werden durch Popps Resultate gestützt: Auch er konstatiert bei den experimentellen Literatur-Produzenten eine klare Überzeugung von der eigenen Rationalität und ein z. T. emotionales Festhalten an der bestimmenden Rolle des Intellekts bei ihrer experimentellen Literatur-Produktion.
Auch für *A1b* bieten die Testergebnisse empirische Bestätigungen: experimentelle Literatur-Produzenten bewerten Rationalität *aus literaturtheoretischen Gründen* hoch. Wie stark die Identifikation mit den von ihnen akzeptierten Verfahren der Textproduktion ist, zeigt sich u. E. an der konsequenten Ablehnung traditioneller literarischer Verfahren wie dem Erzählen. Popp berichtet, daß die Ablehnung narrativer Verfahren bis in die Testpraxis geht, wo experimentelle Literatur-Produzenten es z. T. ablehnen, zu den Testbildern Geschichten zu erzählen. Die hohe Sensibilität gegen traditionelle ästhetische Verfahren drückt sich auch aus in der auffallend häufigen Kritik der experimentellen Literatur-Produzenten an der ästhetischen Qualität der Testbilder des *TAT*. Vergleicht man unsere Resultate mit denen Barrons, so zeigt sich Übereinstimmung zwischen den experimentellen Literatur-Produzenten und den kreativen Schriftstellern hinsichtlich des großen Interesses für theoretische Fragestellungen. In bezug auf das Persönlichkeitsmerkmal Intelligenz gibt es die Differenz, daß kreative Schriftsteller bei Barron deutlich überdurchschnittliche Intelligenzwerte aufweisen, während sie in unseren Tests nur hohe Werte erzielten.

Zu den Annahmen A2a und A2b

Aus den Ergebnissen Popps mit dem Wartegg-Zeichentest geht hervor, daß Persönlichkeitsaspekte wie <<gefühlsmäßige Ansprechbarkeit, Sensibilität und emotionale Betontheit>> bei den experimentellen Literatur-Produzenten nur gering ausgeprägt sind. Aus den Interpretationen zum *TAT* folgert er aber, daß es den ex-

perimentellen Literatur-Produzenten keineswegs an emotionellem Engagement als Antrieb ihrer künstlerischen Aktivität mangelt. Hinsichtlich ihrer gefühlsmäßigen und <<sinnlich-triebhaften>> Persönlichkeitseigenheiten unterscheiden sich experimentelle Literatur-Produzenten nicht von den anderen Literatur-Produzenten. Allerdings vermutet Popp abschließend, daß es sich "... um eine mehr oder minder konflikthaft abgewehrte Emotionalität, Sinnlichkeit und bildhafte Phantasie handeln könnte, die zumindest partiell [...] diese Art künstlerischer Produktion determiniert." (Kap. 6)
Unsere Ergebnisse zeigen, daß die experimentellen Literatur-Produzenten im Bereich des <<anschaulich-ganzheitlichen Denkens>> hohe Werte aufweisen, also nicht etwa als unfähig zu Anschaulichkeit und Phantasie bezeichnet werden können.
Insgesamt interpretieren wir die gewonnenen Ergebnisse im Sinne einer Bestätigung von A2b, nach dem die Ablehnung von Emotion, Sinnlichkeit und bildhafter Phantasie nicht auf Persönlichkeitsmerkmale sondern auf literaturtheoretische Entscheidungen im und für den Literatur-Produktionsbereich zurückzuführen sind.

Zu Annahme A3

Unsere Ergebnisse belegen deutlich, daß experimentelle Literatur-Produzenten für ihre literarische Tätigkeit außergewöhnlich hoch motiviert sind. In diesem Punkt ergibt sich auch eine genaue Übereinstimmung mit Barrons Befunden zu kreativen Schriftstellern.
Auch Popp betont die Ungewöhnlichkeit der Motivation bei experimentellen Literatur-Produzenten und verweist darauf, daß viele von ihnen nach dem langen Kampf um Anerkennung ein durchaus elitäres Selbstverständnis gewonnen haben, was ihre Motivation wiederum stützt. Aus seiner Auswertung des *WZT* geht hervor, daß die experimentellen Literatur-Produzenten bei der Verfolgung ihrer Ziele Selbstdisziplin, Beharrlichkeit und Willensstärke zeigen, auch wenn es dabei nicht um das Streben nach den üblichen gesellschaftlichen Erfolgen geht.
Popp konstatiert auch eine auffällige Tendenz der experimentellen Literatur-Produzenten, sich geläufigen Normen und Rollenerwartungen zu entziehen und spricht von einer "... desillusionierten und gegenüber konformen Rollenerwartungen distan-

zierten Grundhaltung".
In diesen Zusammenhang gehört wohl auch die für diese Gruppe auffällige Auseinandersetzung mit Gewalt und totalitärer Macht, auf die sie besonders sensibel reagiert.
In bezug auf die bei den experimentellen Literatur-Produzenten angenommene Innovationsbereitschaft zeigen unsere Ergebnisse einen interessanten Zusammenhang zwischen Innovation und Flexibilität, die bei den experimentellen - ebenso wie bei den kreativen - Literatur-Produzenten hoch ausgeprägt ist. Weitere Untersuchungen müßten klären, ob Innovation tatsächlich mehr mit dem Persönlichkeitsmerkmal Flexibilität zu tun hat als mit Kreativität, was immerhin neue literaturtheoretische Perspektiven eröffnen würde.
Die in *A3* unterstellte schwache Sozialbindung als Pendant zu Innovationsbereitschaft läßt sich u. E. mit folgenden Tester-gebnissen in einen sinnvollen Zusammenhang bringen: Die Einstellung der experimentellen Literatur-Produzenten zum sozialen Wertbereich ist auffällig geringer als die der Vergleichsgruppen. Zudem sind - worauf auch Popp verweist - experimentelle Literatur-Produzenten eher introvertiert als extrovertiert und von ihrer Persönlichkeit her in der Lage, die Umwelt notfalls zu ignorieren.

Zu Annahme A4

Die Ergebnisse unserer Untersuchungen steuern zu dieser Annahme lediglich das Faktum der hohen Motivation bei, welches - im Rahmen der Risiko-Annahme - nicht widersprüchlich sondern eher plausibel interpretiert werden kann.
Die vermutete hohe Risikobereitschaft in bezug auf sozialen Mißerfolg betont auch F. Popp im Zusammenhang mit der hohen Motivation und Verzichtbereitschaft der experimentellen Literatur-Produzenten. Wie groß das Problembewußtsein in dieser Gruppe ist, zeigt sich in der Häufigkeit der Thematisierung von Problemen wie gesellschaftliche Anpassung und soziale Integration, Marktmechanismen, Anerkennung und Unabhängigkeit. Hier sind Paralleluntersuchungen zu anderen Außenseitergruppen dringend erforderlich.

Zu Annahme A5

Die Ergebnisse zu dieser Annahme sind völlig unbefriedigend, da

wir das Freiburger Persönlichkeitsinventar für die Gruppe der experimentellen Literatur-Produzenten nicht erheben konnten. Für Vergleichsgruppen ergibt sich der Befund, daß ihre tatsächliche psychische Belastung hoch ist, während das Maß ihrer möglichen Belastbarkeit fraglich bleibt.
Wie in Kap. 4.1.7 angeführt, lassen sich Diskrepanzen in den Testergebnissen gegenwärtig am besten interpretieren, wenn man als Grundstruktur kreativer Persönlichkeiten eine paradoxale Struktur annimmt, in der sogar polare Gegensätze ausgeglichen und jeder für sich optimiert werden können.
Betrachtet man die Biographien der Versuchspersonen aus der Gruppe B I, die hier nicht im einzelnen genannt werden können, dann zeigt sich, daß sie offenbar recht gut in der Lage waren bzw. sind, Legitimationskrisen ihrer sozialen Rolle als experimentelle Literatur-Produzenten auszubalancieren. In diesem Punkt ergeben sich also - ergänzt man die Versuchsdaten um biographische Daten - durchaus Parallelen zu Barrons kreativen Schriftstellern, die ja ebenfalls große <<Ich-Stärke>> aufwiesen und mit wachsenden Problemen auch zunehmend mehr effiziente Lösungsstrategien entwickeln können.

Zu Annahme A6

Die Ergebnisse zu A6 sind eindeutig: Experimentelle Literatur-Produzenten favorisieren deutlich stärker als alle Vergleichsgruppen den ästhetischen Wertbereich. Unerwartet gering ist bei ihnen die Einschätzung des sozialen Wertbereichs, wo sie statistisch signifikant niedriger liegen als die übrigen untersuchten Literatur-Produzenten, während die Einstellung zum ökonomischen Wertbereich erwartbar gering ist. In diesem Punkt entsprechen die experimentellen Literatur-Produzenten Barrons kreativen Schriftstellern.
Die Ergebnisse des Werteinstellungstests bestätigen auch die Annahme, daß experimentelle Literatur-Produzenten ein ästhetisches Wertsystem bevorzugen, das in starkem Maße dem LITERATUR-System immanent ist. Dies kann als Bestätigung dafür interpretiert werden, daß sich die Intentionen der experimentellen Literatur-Produzenten bei *innovatorischen* Aktionen vorwiegend auf ästhetische und nicht auf soziale Probleme beziehen.

7.2 Zu den Anhängen

Um dem Leser eine Möglichkeit zu geben, den in Kap. 4.2 vorgelegten Vergleich unserer Projektergebnisse mit den Ergebnissen F. Barrons auch im Detail nachzuvollziehen, haben wir uns entschlossen, dem Projektbericht die Übersetzung zweier Arbeiten Barrons anzuschließen.
Anhang 1 erschien 1976 ("The Psychology of Creative Writers". in: F. Barron, Ed., *Explorations in Creativity*. New York: Harper & Row, 69-74). Die Übersetzung besorgte H. Hauptmeier.
Anhang 2 erschien 1969 als Kap. 7 von Barrons Buch *Creative Person and Creative Process*. (New York, Holt, Reinhart & Winston, 63-78). Auch hier stammt die Übersetzung von H. Hauptmeier, dem wir an dieser Stelle für seine Mitwirkung herzlich danken.

Anhang 1

Frank Barron

DIE PSYCHOLOGIE DES KREATIVEN SCHRIFTSTELLERS

Ich möchte in diesem Artikel einige Beobachtungen aus einer Untersuchung an 56 professionellen Schriftstellern und 10 Studenten eines Kurses über kreatives Schreiben vorstellen. Unter den professionellen Autoren waren 30 höchst anerkannte Schöpfer literarischer Werke, die übrigen 26 genossen das Ansehen erfolgreicher kommerzieller Schriftsteller. Die Gruppen unterschieden sich nicht nur hinsichtlich ihrer Reputation, sondern wahrscheinlich auch hinsichtlich ihrer Zielsetzungen. Wenn es hier auch Ausnahmen gab, so läßt sich doch generell feststellen, daß die Mitglieder der angeseheneren Gruppe sich bewußt bemühten, imaginative Literatur zu produzieren, während die Mitglieder der anderen Gruppe ihre Themenwahl und Ausgestaltung in der Regel an Marktbedürfnissen orientierten.
Ich werde mich hier in erster Linie auf Daten aus der Untersuchung der 30 reputierten Autoren stützen, von denen die meisten als Testpersonen an sogenannten "stationären" Untersuchungen im Institute of Personality Assessment und Research teilnahmen. Jeder Proband verbrachte drei Tage im Institut, häufig in Gesellschaft mit vier anderen Schriftstellern.
Diese Untersuchung war Teil eines laufenden Forschungsprogramms über kreative Mechanismen in einer Vielzahl von Berufen. Sie war genauer gesagt die erste Untersuchung in dieser Reihe, die inzwischen auch auf Mathematiker, Physiker, Architekten und Innovatoren aus dem Bereich der Industrie sowie auch auf weniger beruflich spezifizierte Gruppen ausgedehnt worden ist.
Aus mehreren Gründen hatten wir für die Untersuchung Schriftsteller ausgewählt. Zunächst halten wir das Schreiben für eine Form, in der sich kreative Interpretationen von Erfahrungen verbreitet und weitgehend verständlich mitteilen. Alsdann ist die gesellschaftliche Einflußnahme von Schriftstellern auf die Verbreitung von Informationen, auf Prozesse der öffentlichen Meinungs- und Geschmacksbildung und auf die kulturelle Weiterentwicklung allgemein recht groß. Schließlich ist die Sprache

selbst so sehr ein Ausdruck von Kultur, daß eine Untersuchung ihres Gebrauchs in jeder einzelnen Gesellschaft ein Feld auszeichnet, in dem kreative Kräfte in der Kultur selbst beobachtbar werden.
Für den Zweck unserer Untersuchung definierten wir kreatives Schreiben als ein Verfassen von Sätzen, Essays, Geschichten, Gedichten und Theaterstücken, in denen ein Subjekt seine Interpretation von Erfahrungen auf originelle Weise mitteilt.
Das Hauptziel der Untersuchung war die Charakterisierung kreativer Schriftsteller nach ihren *Fähigkeiten* und ihrer *Persönlichkeit,* um sie dann mit verschiedenen anderen Gruppen kreativer Individuen, aber auch mit weniger kreativen Schriftstellern und anderen Menschen generell vergleichen zu können. Ein weiteres Ziel war die Erforschung des kreativen Prozesses beim Schreiben durch eine sorgfältige Analyse der Arbeit eines Autoren, durch intensive Interviews mit ihm über seine Arbeit und mit Hilfe von Tests, in denen verbale Gestaltung gefordert oder Gelegenheit zu kreativer Wahrnehmung und kreativem Ausdruck gegeben war. Zum kreativen Prozeß rechneten wir als dessen hervorstechendste Aspekte: die bewußte des Autoren, vor- oder unbewußte Absichten und Determinanten der bewußten Absicht (etwa die psychischen Bedürfnisse, die befriedigt wurden, die Quellen der Einbildungskraft, die Bedeutung der Arbeit im Verhältnis zum gesamten Lebenszyklus des Schriftstellers); die Wahl der Form; wichtige Änderungen, verworfene Anfänge, abschließende Selbstkritik; unerwartete oder ungeplante Veränderungen in Absicht oder Form, plötzliche Eingebungen; zeitliche und emotionale Phasen innerhalb des Prozesses (Intensität der Arbeit und der Gefühlseindrücke, Schreibhemmungen, Verteilung der Aufmerksamkeit, Perioden des flüssigen Schreibens, Wechsel von konvergenten und divergenten Phasen); das Gefühl von Vollendung oder Unvollständigkeit; die Einstellung zu der Arbeit nach ihrem Abschluß.
Es läßt sich leicht vorstellen, daß es keine einfache Aufgabe war, diesen Zielen gerecht zu werden. Der Versuch, die Schlußfolgerungen der erforderlichen Genauigkeit zu formulieren, erwies sich als ebenso schwierig. Im folgenden werde ich mich zum großen Teil auf zusammenfassende Aussagen beschränken müs-

sen und nur einige wenige Beispiele geben. Zu den meisten Aussagen auf der Basis von psychometrischem Material finden sich detaillierte Dokumentationen in verschiedenen Publikationen, insbesondere in meinem Buch *Creativity and Psychological Health* und in meinem Aufsatz in dem kürzlich vorgelegten Sammelband *New Directions in Psychology II*. Das Material, das die projektiven Techniken, die Interviews und freie Beobachtungen in der Testsituation selbst ergaben, läßt sich nicht so leicht in Form von Belegen ordnen, die dann in anderen Untersuchungen überprüft werden könnten, aber ich werde dennoch einige wenige verallgemeinernde Schlüsse aus diesen Quellen wagen.
Ich möchte zunächst eine zusammengefaßte Q-sort Beschreibung der untersuchten Schriftsteller vorlegen. Die Zusammenfassung kam auf folgende Weise zustande: jeder Testmitarbeiter verwendete, ohne mit irgend einem anderen Mitglied des Teams über den Probanden zu diskutieren, einen Katalog von 100 Aussagen, mit dessen Hilfe jeder Proband am Ende der drei Untersuchungstage charakterisiert wurde. Die Q-sort Auswahl wurde absichtlich so gestaltet, daß sie auch die Formulierung klinischer Schlußfolgerungen gestattete. Die Sortierung erfolgte auf einer 9-Punkte-Skala mit forced-normal Verteilung. Dann wurde der Durchschnitt der Plazierungen der verschiedenen Aussagen für den gesamten Mitarbeiterstab errechnet, um eine zusammenfassende Beschreibung jedes Probanden zu erhalten, und aus diesen Plazierungen wurde wiederum der Mittelwert errechnet, um eine zusammenfassende Beschreibung der Gruppe zu erhalten.
Nach dieser Auswertung ergaben sich die folgenden 5 Aussagen als die charakteristischsten für die Gruppe der 30 kreativen Schriftsteller:

Besitzt offenbar ein hohes Maß an intellektuellen Fähigkeiten.

Hat ein starkes Interesse an intellektuellen und kognitiven Fragen.

Schätzt seine eigene Unabhängigkeit und Autonomie.

Formuliert flüssig; kann Gedanken gut ausdrücken.

Genießt und reagiert auf ästhetische Eindrücke.

Auf den folgenden acht Plätzen lagen diese Aussagen:

Ist produktiv; erledigt, was er anfaßt.

Beschäftigt sich mit philosophischen Problemen; z. B. Religion, dem Sinn des Lebens, usw.

Stellt hohe Ansprüche an sich selbst.

Hat breitgefächerte Interessen.

Denkt und assoziiert Vorstellungen auf ungewöhnliche Weise; denkt unkonventionell.

Ist ein interessanter, fesselnder Mensch.

Erscheint direkt, ehrlich im Umgang mit anderen.

Verhält sich ethisch konsequent, in Übereinstimmung mit seinen eigenen, persönlichen Maßstäben.

Die Studenten unterschieden sich nach den Beobachtungen der Testmitarbeiter von den reifen kreativen Schriftstellern in verschiedenen wichtigen Bereichen. Bei ihnen lag an zweiter Stelle die Aussage: "Besorgt um die eigene Zulänglichkeit als Person, entweder bewußt oder unbewußt." Ebenfalls sehr charakteristisch waren diese Aussagen: "Ist im Grunde ängstlich"; "hat wechselnde Launen"; "versenkt sich in persönliche Phantasien und Tagträume, in fiktive Spekulationen." Man könnte dieses Ergebnis schlicht ihrer Jugend und den Problemen der Ich-Identität zuschreiben, mit denen sie noch zu kämpfen hatten, aber ich nehme eher an, daß dahinter noch etwas anderes steckte. Aus der späteren Beobachtung dieser Studenten schließe ich, daß für sie das Schreiben vielmehr eine Form der Selbsttherapie oder doch zumindest der Versuch war, ihre eigenen Probleme durch Verdrängung und Substitution in eine gesellschaftlich akzeptable Form der Phantasie zu bewältigen. Sie passen sehr genau in das Bild, das Freud in seinem Aufsatz *Der Dichter und das Phantasieren* vom Dichter zeichnet; der wirkliche Künstler dagegen ist von anderem Schlag, ganz gleich, welche Probleme er auch haben mag. Zu diesem Punkt werde ich später noch Genaueres ausführen.

Wenn wir uns nun den psychometrischen Daten aus der Untersuchung an den 30 reifen kreativen Schriftstellern zuwenden, so finden wir dort eine unabhängige Bestätigung für zahlreiche Q-sort Beschreibungen der Testmitarbeiter, die natürlich abgegeben worden waren, bevor die Tests ausgewertet wurden. Die kreativen Schriftsteller erreichten im Terman Concept Mastery Test einen Durchschnittswert von 156; der Durchschnittswert der Stanford Begabtengruppe im Erwachsenenalter beträgt 137, und der Mittelwert von 343 Captains der US-Luftwaffe liegt bei 60 - im Vergleich zur Standardabweichung für die Gesamtpopulation von etwa 30. Diese Ergebnisse lassen sich nicht genau in IQ-Werte übersetzen, aber man kann doch wohl mit einiger Sicherheit sagen, daß ausgezeichnete Schriftsteller eine außerordentliche verbale Intelligenz besitzen. Dies sollte auch deshalb hervorgehoben werden, weil eines der Ergebnisse mehrerer Untersuchungen des Institute of Personality Assessment und Research gelegentlich falsch interpretiert wurde. Wenn die Bewertungen der Kreativität von Individuen im Vergleich zueinander für alle Mitglieder einer stark selektierten und außergewöhnlichen Gruppe schöpferischer Menschen ermittelt werden - so besagt dieses Ergebnis - dann liegt die Korrelation mit der gemessenen verbalen Intelligenz bei Null, wie das in unserer Untersuchung bei kreativen Architekten der Fall war. Dabei sollte aber nicht außer acht gelassen werden, daß der Mittelwert für die Gruppe als ganzes sehr hoch liegt. Natürlich muß man wegen der extrem geringen Streuungsbreite auf der Kreativitätsvariablen mit einer starken Abnahme des Korrelationskoeffizienten rechnen. Wahrscheinlich liefert das Sample der Militäroffiziere, bei dem die Werte für eine Reihe von Kreativitätsfaktoren eine Korrelation von .35 mit den Werten beim Concept Mastery Test aufweisen, eine genauere Einschätzung des tatsächlichen Verhältnisses zwischen Kreativität und verbaler Intelligenz.

Kreative Schriftsteller erreichen auch sehr hohe Werte auf der Barron-Welsh Kunstskala; ihr Durchschnittswert liegt zwei Standardabweichungen höher als der Mittelwert der Gesamtpopulation, allerdings fast ein Sigma niedriger als der erfolgreicher Maler und ebenfalls niedriger als der kreativer Architekten. Wie alle Künstler bevorzugen sie frei fleißende, asymmetrische (oder zumindest nicht langweilig ausgewogene) und visuell ansprechende oder provozierende Formen.

Einer der für diese Untersuchung eigens entwickelten Tests ist der Symbol Equivalence Test, in dem dem Probanden als Stimulus ein Bild (verbal) vorgegeben und er dann aufgefordert wird, sich dazu ein symbolisch äquivalentes Bild auszudenken. "Vom Wind durcheinandergewirbelte Blätter" z. B. könnten denken lassen an "eine Zivilbevölkerung in wilder Flucht vor einem bewaffneten Angriff" (d. h. ohnmächtige Teile, vom Wind des Krieges verweht). Zehn Testbilder wurden vorgegeben und jeweils drei Antworten verlangt. Die Auswertung geschah folgendermaßen:

für jede der mehreren hundert an der Kreativitätsbewertung beteiligten Testpersonen wurde jede Antwort auf eine eigene Karte getippt, jeweils ohne den Namen des Antwortenden anzugeben, und dann ließen wir drei Tester unabhängig voneinander alle Antworten auf die jeweiligen Fragen in Relation zueinander in eine 9-Punkte-Skala auf der Variablen "Originalität" einordnen. Dies war eine beschwerliche Prozedur, die von jedem Tester mehr als 10.000 Beurteilungen verlangte, aber sie sorgte für vorurteilsfreie Ergebnisse, da dem Tester weder die Identität des Probanden noch das Sample, zu dem dieser gehörte, bekannt war. In diesem Test schnitten kreative Schriftsteller mit signifikant höheren Originalitätswerten ab als jede andere von uns untersuchte Gruppe kreativer Menschen.
Ich habe an anderer Stelle ausführlich über die Ergebnisse aus dem Minnesota Multiphasic Personality Inventory und dem California Psychological Inventory berichtet. Für mich war der interessanteste Aspekt dieser Ergebnisse die Kombination hoher Werte auf den pathologischen Indizes des MMPI mit einem hohen Durchschnittswert für Ich-Stärke und mit ebenfalls hohen Werten für CPI-Variablen wie Flexibilität, Anerkennung der eigenen Person, gewandtes gesellschaftliches Auftreten, Leistung durch Unabhängigkeit und Interesse an psychologischen Fragen. Kreative Schriftsteller erzielten niedrige Werte für "Guter Eindruck" - in gewisser Hinsicht ein Gradmesser für Konformität - und schnitten auch in den Punkten Leistung durch Anpassung, Gemeinschaftssinn und Sozialisation unter Durchschnitt ab. Die wirklich auffälligen Unterschiede zwischen Schriftstellern und anderen Gruppen liegen allerdings im Bereich von Phantasie und Originalität der Wahrnehmung. Eines unserer Interviews war eigens der Phantasie gewidmet, von Tagträumen, Nachtträumen und hypnagogischen Erfahrungen bis hin zu transzendentalen Erfahrungen bei vollem , wachem Bewußtsein. Ein ungewöhnlich hoher Prozentsatz (40 %) der kreativen Schriftsteller hatte nach eigenem Bekunden bereits Erfahrungen des mystischen Einsseins mit dem Universum oder der völligen Verzweiflung und des totalen Entsetzens gemacht. Die Vorstufen zu diesen Erfahrungen wurden im Interview häufig sehr anschaulich beschrieben, und diese Statistik kam keineswegs durch einfaches Ankreuzen von

"Ja" oder "Nein" bei Fragen wie etwa "Haben Sie jemals eine mystische Erfahrung gehabt?" zustande. Auch andere ungewöhnliche Erfahrungen wurden geschildert, so etwa, daß man in ein Sperrfeuer zusammenhangloser Wörter geraten sei wie in einen Hagelstrum, was starke Gefühle des Unbehagens auslöste, oder man die Welt ganz plötzlich in neuer Frische und Farbigkeit gesehen habe. Ebenso wurde im Vergleich zu den von uns untersuchten Studentengruppen von einer hohen Traumhäufigkeit berichtet, und viele dieser Träume waren farbig.
Das beeindruckendste Ergebnis aber war die Feststellung, eine welch wichtige Rolle die *Motivation* spielte, sowohl für den Werdegang des Schriftstellers als auch für die Art und Weise, in der kreatives Schreiben in den Dienst einer allgemeineren philosophischen Absicht gestellt wurde. Fast ohne Ausnahme hatten die erfolgreichen kreativen Schriftsteller, die ihrer Berufung folgen wollten, große Schwierigkeiten durchzustehen gehabt. Zu diesen Problemen gehörten Kritik von seiten der Familie und der Freunde, Zeiten starken Selbstzweifels, finanzielle Not, gelegentlich der Verzicht auf wichtige persönliche Beziehungen und sogar öffentlicher Tadel oder Spott. Zu dem Zeitpunkt, als die Schriftsteller zu uns kamen, hatten sie viele dieser Probleme hinter sich gelassen; allerdings lebten die Lyriker - selbst solche von internationalem Rang - überwiegend in sehr bescheidenen Verhältnissen, und es gab auch einige für uns überraschende Fälle, in denen berühmte Romanschriftsteller immer noch von Zeit zu Zeit Gelgenheitsjobs annehmen mußten, um sich finanziell über Wasser zu halten. Einer der Lyriker in unserem Sample, dessen Arbeit erst kürzlich im Londoner *Times Literary Supplement* besprochen und als "bedeutendstes poetisches Werk aus Amerika innerhalb des letzten Jahrzehnts" gefeiert wurde, verdiente seinen Lebensunterhalt in einer Turnhalle und gelegentlich als Hafenarbeiter, während ein anderer immer noch Semesterarbeiten für Studenten abtippte. Am anderen Ende der Skala lagen mehrere Romanschriftsteller, die Einkünfte in Höhe von mehreren Millionen Dollar hatten. Für alle gemeinsam aber war die ökonomische Frage von zweitrangiger Bedeutung; dies trifft für alle unsere Gruppen kreativer Individuen zu. Im ökonomischen Teil der Allport-Vernon-Lindzey Wertskala erreichten kreative Indi-

viduen durchgängig ihre niedrigsten Punktzahlen. Es liegt auf der Hand, daß sie um andere Preise spielen. Was aber sind die Preise, und, wenn es Preise gibt, was genau ist eigentlich ihr Spiel?

Das Spiel dreht sich meiner Meinung nach um das Wesen des Intellekts selbst und um den Sinn des menschlichen Lebens. Bei der Durchsicht der Antworten kreativer Schriftsteller im Symbol Equivalence Test fiel mir die rasche Mühelosigkeit auf, mit der sie vom alltäglichen Stimulusbild bis hin zur kosmischen Metapher wechselten. Ihnen geht es, das zeigen projektive Tests wie der Thematische Apperzeptionstest und der Rorschach, um mythische Themen, um Tod, um große, unbeseelte Mächte, um die symbolische und weniger um die wirklichkeitsgetreue Bedeutung von Formen und Farben. Die Frage nach Freiheit oder Determinismus taucht in ihrer Arbeit und in ihren Phantasien immer und immer wieder auf. Die Natur des Menschen und sein Verhältnis zum Kosmos ist das Problem, das sie gepackt hält.

Allerdings muß auch hier wieder auf einen Unterschied zwischen den reifen kreativen Schriftstellern und den Studenten hingewiesen werden, die - wie ich schon andeutete - offenbar zu einem anderen Zweck schreiben. Die unerträglichste aller Formen von Banalität ist die kosmische Banalität, und das Bramabarsieren über den Tod und den Kosmos kann ein billiger Weg sein, sich vor der Arbeit zu drücken. Genauigkeit im Detail, Überzeugungskraft in der Beschreibung, formale Disziplin, unermüdliches Umschreiben und Ausfeilen, ein bißchen vom alten Handwerkerstolz auf die eigene Arbeit und sogar auf die eigenen Berufsgeheimnisse - dies waren einige der charakteristischen Merkmale der kreativen Autoren, und wenn ich sage, daß sie sich mit kosmischen Fragen beschäftigen, so sollte ich hinzusetzen, daß diese Fragen in der Beschreibung und in der Sprache faßbar und lebendig umgesetzt werden, so daß der Leser die Gelegenheit erhält, unter Einbringung *seines* eigenen Wesens die Realität zu erfahren, die der Schriftsteller wahrnimmt.

Meine eigene Schlußfolgerung aus diesen Ergebnissen lautet also: kreative Schriftsteller sind Menschen, die sich kein geringeres Ziel gesetzt haben als die Suche nach dem letzten Sinn des Lebens. Vielleicht sollte man besser noch so formulieren, daß nicht so sehr sie selbst sich diesem Ziel verschrieben haben, sondern daß sie sich vielmehr als dazu auserwählt verstehen und dieses Amt auf sich genommen haben. Ihre Aufgabe ist es also, auf die innere Stimme zu hören und ihr Ausdruck zu verleihen. Was sie sagen, soll Wahrheit sein, allerdings nicht notwendigerweise jedermanns Wahrheit oder auch nur die Wahrheit eines anderen Menschen. In diesen wesentlichen Punkten, abgesehen vom Schreiben als der spezifischen Form, unterscheiden sich kreative Schriftsteller meiner Meinung nach nicht von kreativen Menschen in allen Lebensbereichen - diejenigen eingeschlossen, deren Aufgabe es ist zu schweigen.

Anhang 2

Frank Barron

KREATIVE SCHRIFTSTELLER, MATHEMATIKER UND ARCHITEKTEN

Insgesamt wurden drei Gruppen außergewöhnlicher Individuen mittels der stationären Untersuchungsmethode erforscht: kreative Schriftsteller, Mathematiker und Architekten. Naturwissenschaftler und Techniker von nachweislicher Leistungsfähigkeit aber vergleichsweise geringem Renommee wurden ebenso untersucht; die Ergebnisse dieser Untersuchungen finden sich in Kapitel 9. Das vorliegende Kapitel bietet nun eine Auswahl von Ergebnissen aus der Arbeit mit Schriftstellern, Mathematikern und Architekten.
Die Untersuchung von Schriftstellern, mit welcher diese Forschungsreihe begann, litt mitunter an dem üblichen Auf und Ab grundlegend neuer Forschung. Der Versuch, kreative Prozesse in direktem Kontakt mit hochkreativen Personen innerhalb eines Forschungsrahmens zu untersuchen, war für Psychologen etwas neues. So galt es denn als keineswegs sicher, daß solche Personen es überhaupt als ihrer Zeit und Mühe wert ansähen, nach Berkeley zu fahren und sich dort drei Tage lang Tests zu unterziehen. Zwar sollten sie dafür ein Honorar erhalten, jedoch war damit allein ihr Zeitaufwand kaum auszugleichen. Für die Seriosität des gesamten Unternehmens bürgte der Ruf der kalifornischen Universität wie auch dessen Förderung seitens der Carnegie Corporation und in gleichem Maße auch die personelle Besetzung verantwortlicher Positionen durch Institutsangestellte. Für einige kreative Schriftsteller, denen der Inhalt von Leben und Literatur im Widerstand gegen die Gesellschaft und in der Verachtung des "Akademischen" liegt, waren solche privilegierten Bürger jedoch nur rote Tücher. Einer der kreativen Schriftsteller, der seine Einladung seinem frühen Einfluß auf die "Beat"-Literatur des vergangenen Jahrzehnts verdankte, zeigte sich von der Ernsthaftigkeit der Absichten der Psychologen so wenig beeindruckt, daß er die Einladung dazu nutzte, sich von *The Nation* einen Auftrag für ein Stück mit dem Titel "Die Vivisektion eines Poeten" zu beschaffen, worin er die Absurdi-

tät der Untersuchung entlarvte (Rexroth, 1958). Unfreundliche Reaktionen auf das erste Einladungsschreiben waren keineswegs ungewöhnlich und in einigen Fällen fand sogar ein vier oder fünfmaliger Briefwechsel statt, bevor der Schriftsteller sich endgültig zur Teilnahme oder Nichtteilnahme entschieden hatte.

Studenten aus Kursen für kreatives Schreiben waren sogar noch empfindlicher als ihre älteren Kollegen, und Universitätsprofessoren, die solche Kurse leiteten, waren schließlich am allersensibelsten. In einem Falle wurde dem für das Forschungsvorhaben verantwortlichen Psychologen, der sich um die Hilfe von studentischen Schriftstellern für eine Vorstudie zu der späteren Arbeit mit renommierten Autoren bemühte, zwar gestattet, seine Bitte einem entsprechenden Kurs vorzutragen, gleichzeitig jedoch stellte ihn der betreffende Kursleiter mit der Bemerkung vor: "Wenn Sie mich fragen, so sollte man alle Psychologen neben Freud und Jung 30 Meter tief unter der Erde in einem Güterwagen beerdigen" - ein Beleg für einen Assoziationsprozeß, dessen verblüffende Natur den verwirrten Psychologen für einen Augenblick den Zweck seines Besuches vergessen ließ.
Es gelang jedoch, solchen Abfuhren mit stoischer Ruhe zu entgegnen und das Projekt voranzutreiben. Die geschilderten Reaktionen waren natürlich extreme Bekundungen von Widerwillen und sie waren nicht nur typisch für diejenigen Schriftsteller, die die Einladung zur Teilnahme an dem Projekt schließlich abgelehnt hatten. Übrigens kamen einige wenige klagende Absagen auch von Architekten, denen die ganze Idee der Untersuchung fragwürdig war, obwohl hier wie auch letztlich bei den Schriftstellern der mögliche Wert der Untersuchung mehrheitliche Anerkennung fand und man schließlich doch bereit war, einige Mühe aufzubieten, um Beiträge zu leisten. MacKinnon (1962) äußerte sich hierzu in seinem Walter Van Dyke Bingham Vortrag von 1962 wie folgt:

Die Reaktion kreativer Menschen auf die Einladung, unter so mühevollen Umständen Auskunft über sich selbst zu geben, zeigte erhebliche Unterschiede auf. Auf der einen Seite gab es solche, die mit Zorn auf das antworteten, was sie als eine Dreistigkeit der Psychologen auffaßten, nämlich deren Vermessenheit, ein so unbeschreibliches und geheimnisvolles Ding wie den kreativen Prozeß und ein so sensibles Wesen wie einen kreativen Menschen überhaupt untersuchen zu wollen. Auf der anderen Seite gab es aber auch solche, die mit Höflichkeit und Warmherzigkeit antworteten, die Einladung untersucht zu werden begrüßten und große Bereitschaft zeigten, zu einem besseren Verständnis des kreativen Menschen und des kreativen Prozesses beizutragen.

Tatsächlich fanden die bedeutenderen Schriftsteller, die zudem auch großartige Persönlichkeiten waren, die drei Tage der stationären Untersuchung im Institut äußerst interessant und reizvoll. Mit großem Ernst beteiligten sie sich an der Aufgabe, ihr Werk in Abhängigkeit von ihrem Leben und ihrem innersten Ich zu sehen. Die Psychologen und Psychiater, die diese Autoren über ihr Werk und ihr Leben befragten, hatten zuvor deren Werke intensiv studiert, um die wichtigsten Fragestellungen überhaupt entwickeln zu können.

Insgesamt nahmen 56 von 101 eingeladenen Schriftstellern an der Untersuchung teil. Unter diesen 56 Autoren waren 30 reputierte Schriftsteller, an deren Namen wir auf ähnliche Weise gelangten wie dies schon in der Untersuchung zu den Architekten beschrieben worden ist. Drei Professoren der Anglistik, selbst kreative Schriftsteller, und ein Herausgeber eines Literaturmagazins wurden gebeten, die Namen solcher Autoren vorzuschlagen, die ihnen einladenswert schienen, ohne jedoch wie im Falle der Architekten auf eine bestimmte Anzahl festgelegt zu sein. Die Nennungen wiesen schließlich untereinander weitgehende Übereinstimmungen auf. So entstand eine Liste von 48 Autoren, die von mindestens zwei Personen gleichzeitig vorgeschlagen worden waren. Diese Schriftsteller wurden anschließend eingeladen, wovon 26 die Einladung auch annahmen. Von diesen 26 kamen aufgrund von Problemen bei der Zusammenstellung der Gruppen letztendlich nur noch 17 zu den stationären Untersuchungen nach Berkeley; einige Umstellungen in letzter Minute hatten dann noch zur Folge, daß zur Komplettierung der Gruppen drei Schriftsteller aufgenommen wurden, die nur von einem Vorschlagenden genannt worden waren. Später wurden noch zehn weitere Autoren einzeln in ihren Wohnungen oder in Berkeley befragt, so daß diese Untersuchungsphase mit insgesamt 30 Teilnehmern besetzt war.

Eine Vergleichsgruppe wurde aus kalifornischen Schriftstellern zusammengestellt, die allesamt Mitglieder eines Schriftstellerverbandes waren - an den stationären Untersuchungen nahm diese Gruppe jedoch nicht teil. Die Mehrzahl der statistischen Vergleiche wird daher auf Daten aufbauen, die per Post von der

Vergleichsgruppe eingeholt wurden. Die Untersuchung der Schriftsteller ist zu diesem Zeitpunkt noch unvollständig, so daß eine ausführliche Darstellung an dieser Stelle ausbleiben muß. Jedoch liegen bereits genug interessante Daten vor, um einen vorläufigen Bericht zu rechtfertigen.
Die Studie über Mathematiker ist aufgrund praktischer Probleme in ihrer Anlage nicht gänzlich symmetrisch geraten. Insgesamt nahmen 48 männliche und 44 weibliche Mathematiker teil. Die Männer kamen allerdings nicht zu den stationären Untersuchungen, sondern sie erhielten die Testfragen individuell vom Projektleiter, Richard S. Crutchfield, vorgelegt. Die 44 Frauen wurden in stationären Untersuchungen unter der Leitung von Ravenna Helson erfaßt.
Von dem männlichen Sample waren 26 von einer Gruppe mathematischer Kollegen als außergewöhnlich kreativ benannt worden, die anderen 22 galten als kompetente Vertreter ihres Faches (alle hatten an angesehenen Universitäten den Doktorgrad in Mathematik erworben). Das weibliche Sample umfaßt praktisch alle produktiven Mathematikerinnen der Vereinigten Staaten und Kanadas. Auch hier wurde wiederum aufgrund von Nominierungen eine Liste einzuladender Probanden zusammengestellt. Zunächst bestand diese Liste aus 52 Personen, von denen nur acht nicht teilnehmen konnten oder wollten. Die 44 Teilnehmerinnen wurden später von amerikanischen Mathematikern aus ihren entsprechenden Forschungsgebieten bewertet. Aus diesen Bewertungen und der Summe der Kollegenmeinungen zeichnete es sich relativ deutlich ab, daß 16 Mathematikerinnen gegenüber dem restlichen Sample als originellste und bedeutendste Mathematikerinnen dieses Landes und Kanadas eingeschätzt wurden. Die Datenanalyse konzentriert sich folglich auf die beobachteten Unterschiede zwischen ihnen und den übrigen 28 bezüglich ihrer Leistungen während der stationären Untersuchung. (Am Rande sei hier angemerkt, daß mehr als die Hälfte der kreativen Mathematikerinnen und auch ihrer männlichen Kollegen keine gebürtigen Amerikaner waren. Vischers (1947) Untersuchung über die in *American Men of Science* besonders hervorgehobenen Männer zeigt, daß der Prozentsatz herausragender Persönlichkeiten mit ausländischer Herkunft bei den Mathematikern (32 %) höher liegt als in den Naturwissenschaften

allgemein (17 %).)
Wir wenden uns nun einer Auswahl der Untersuchungsergebnisse zu. Eine umfassende Darstellung kann erst nach der Veröffentlichung ausführlicher Berichte über jede Einzeluntersuchung gegeben werden, und einige Berichte liegen bis jetzt noch nicht vor. Eine fundierte erste Korrelationsanalyse auf der Grundlage des Verhältnisses von Testverfahren und Kriterienskalierungen ist für das gesamte Forschungsprogramm ebenfalls bis heute noch nicht veröffentlicht worden. Aus mehreren Aufsätzen (Gough und Woodworth, 1960; Hall, 1958), einem Kapitel aus einem kürzlich erschienenen Buch (Barron, 1968) und aus den vervielfältigten Tagungsprotokollen der University Extension Conference, in denen der gesamte Institutsstab einen ersten öffentlichen Ergebnisbericht vorlegte (MacKinnon et al., 1961), läßt sich dennoch eine Fülle von Ergebnissen entnehmen, die von wissenschaftlichem Interesse sind, wenn auch ihre Gültigkeit noch nicht durch weitere Untersuchungen bestätigt werden konnte.
Beginnen wir mit den Beschreibungen hochkreativer Personen im Gegensatz zu weniger kreativen oder lediglich repräsentativen Vertretern desselben Berufsstandes durch den Mitarbeiterstab. Aus der Beurteilung der Mathematikerinnen lassen sich solche Daten leicht entnehmen, da in dieser Gruppe 16 ungewöhnlich kreative Frauen zusammen mit 28 durchschnittlichen Kolleginnen evaluiert wurden. Das Untersuchungspersonal wurde natürlich nicht über die Einschätzungen informiert, und darüber hinaus sind herausragende Mathematikerinnen - im Gegensatz zu herausragenden Architekten und Schriftstellern - selten einem größeren Kreis außerhalb ihrer Berufswelt bekannt. Abgesehen von dem Projektleiter gab es für keinen der Psychologen irgendeinen Anhaltspunkt dafür, ob eine bestimmte Testperson der Gruppe der als kreativ eingestuften Personen zugehörte oder nicht. Dementsprechend waren die Eigenschaftsbeschreibungen und Q-sorts des Untersuchungspersonals unmittelbar nach Abschluß der dreitägigen Untersuchung frei von Vorurteilen und Vorverständnissen. Es gab nur den Auftrag, eine unvoreingenommene und objektive Beschreibung eines jeden Probanden zu liefern. Der Rang der Untersuchten gemäß den Nominierungen oder Kriterienskalierungen war den Psychologen unbekannt. Die Ergebnisse der Analyse mit-

tels der Gough Adjektiv-Checkliste finden sich in Tabelle 7.1, die der Block Q-sort Analyse in Tabelle 7.2.
Der Schwerpunkt liegt hier auf offener Unkonventionalität, hoher intellektueller Fähigkeit, Lebhaftigkeit oder sogar Überladenheit der Persönlichkeit, Launenhaftigkeit und Gedankenverlorenheit, Mut und Selbstbezogenheit. Es handelt sich um herausragende Menschen, die wahrscheinlich bereit sind, entschlossen für etwas einzutreten und neue Wege zu gehen, wenn sie dazu gezwungen werden. Kreative Menschen, so scheinen diese ersten Ergebnisse zu belegen, sind Menschen mit Schneid.
Da uns für den im Institut stationär befragten Teil der Schriftsteller keine Vergleichsgruppe zur Verfügung stand, können wir für sie keine vergleichbaren Q-sort Daten angeben. Die zusammenfassende Beschreibung seitens des Untersuchungspersonals vermittelt aber dennoch ein Bild ihres Persönlichkeitsprofils. Die Aussagen, für die die durchschnittlichen Q-sort Werte entweder bei 9 oder bei 8 auf einer 9-Punkte-Skala lagen, finden sich in Tabelle 7.3.
Diese zusammenfassende Q-sort Beschreibung der Schriftsteller durch Mitarbeiter gilt jedoch nicht ausschließlich für Schriftsteller. Ein recht ähnliches Bild weist auch die Persönlichkeitsbeschreibung zu den kreativen Architekten auf. Acht der 13 "deskriptivsten" Sätze sind für die Beschreibung der Architekten hoch signifikant; erwähnenswerte Ausnahmen - Beschreibungen, die auf Schriftsteller, nicht aber auf Architekten zutreffen - sind etwa: "redet flüssig; kann Gedanken gut ausdrücken"; "beschäftigt sich mit philosophischen Problemen"; "denkt und assoziiert Ideen auf ungewöhnliche Weise"; "ist ein interessanter, fesselnder Mensch" und "erscheint direkt, offen und ehrlich im Umgang mit anderen". Für die Architekten sind hier etwa folgende Aussagen einschlägig: "genießt sinnliche Erfahrungen (einschließlich Berührung, Geschmack, Geruch, physischen Kontakt)"; "besitzt Sicherheit und Gewandtheit im gesellschaftlichen Auftreten"; "zeigt ein unbeschwertes Sozialverhalten"; "ist ein durch und durch zuverlässiger und verantwortungsbewußter Mensch"; "ist kritisch, skeptisch, nicht leicht zu beeindrukken" und "ist bewußt oder unbewußt besorgt um die eigene Zulänglichkeit als Person". (Zu dieser letzten Aussage sei ange-

merkt, daß sie bei den Schriftstellern ebenfalls an 15. Position erscheint und sie stellt zugleich ein für beide Gruppen geläufiges Ergebnis aus Interviews und auch psychologischen Tests dar. Belege aus verschiedenen Quellen zeigen übereinstimmend: kreativen Menschen liegt sehr viel an ihrer Zulänglichkeit als Person, und eine ihrer stärksten Motivationen ist ihr Selbstbestätigungsdrang.)

Die Unterschiede zwischen kreativen Schriftstellern und kreativen Architekten sind durchaus einleuchtend. Architekten sind Geschäftsleute und Künstler zugleich. Sie vermitteln einen Eindruck von praktischer Begabung, Zuverlässigkeit und gesellschaftlicher Gewandtheit, einen Eindruck, den man von kreativen Schriftstellern im allgemeinen nicht gewinnt. Ebenso sind Architekten nicht gerade sonderlich talentierte Redner, obgleich es auch hier Ausnahmen gibt. Der Architekt ist in der Regel empfänglicher für physikalische Materialien und Sinneseindrücke als für verbalisierte Gedankenflüsse. Schriftsteller sind Dramatiker oder Barden; Architekten sind Konstrukteure und Designer. Deshalb gibt es folgerichtige Unterschiede in ihrem jeweiligen Kreativitätsstil. Beide Gruppen gleichen sich aber wieder in ihrer Produktivität und ihren hochgesteckten Wertmaßstäben, ihrem weiten Interessenbereich, ihren hohen intellektuellen Fähigkeiten und in ihrem ausgeprägten Sinn für persönliche Unabhängigkeit und ihren konsistenten ethischen Handlungsgrundlagen.

Soviel zu den Beschreibungen durch die Testmitarbeiter; was aber zeigen die Persönlichkeits- und Intelligenztests selbst? Auf welchen Grundlagen ist es denkbar, daß kreative Menschen ein ungewöhnlich großes Interesse an ihrer eigenen Zulänglichkeit als Person haben? Wie sehen die psychometrischen Befunde vom Standpunkt der Psychopathologie her aus, etwa Tendenzen zu Neurosen und Psychosen? Und wie steht es mit der Intelligenz? Bestätigen die in der Untersuchung verwendeten Tests zur intellektuellen Begabung die Annahme, kreative Menschen besäßen als Klasseneigenschaft hohe intellektuelle Fähigkeiten? Wie wichtig ist die gemessene Intelligenz für die Bestimmung der Originalität, und welchen Anteil haben im Unterschied zur Intelligenz motivationelle und konstitutionelle Variablen an der

Kreativität?
Wenden wir uns nun den durch den Einsatz objektiver Testverfahren gewonnenen Ergebnissen zu, um zumindest partielle Antworten auf diese Fragen zu finden. Hier liegen zunächst Fragebogen vor wie das Minnesota Multiphasic Personality Inventory (MPI) und das California Psychological Inventory (CPI), aber auch der Type Indicator auf der Grundlage von C. G. Jungs Theorie psychologischer Typen, die uns allesamt eine grobe Vorstellung der Unterschiede zwischen kreativen Menschen und Vergleichsgruppen aus identischen Berufsfeldern in bezug auf normale wie abnormale Persönlichkeitsmerkmale vermitteln. Betrachten wir zuerst die Ergebnisse des MMPI, das Meßwerte für psychiatrische Dimensionen wie Depression, Hypochondrie, Hysterie, psychopathische Abweichung, Paranoia, Psychasthenie und Hypomanie liefert.
Die MPI-Vergleichswerte für die Samples der Mathematiker liegen bisher noch nicht in veröffentlichter Form vor, jedoch besitzen wir bereits entsprechende Informationen für Schriftsteller und Architekten. Die kreativen Gruppen lassen durchgängig *mehr* psychopathologische Kennzeichen sichtbar werden als die Gruppen ihrer eher repräsentativen Berufskollegen. Der *durchschnittliche* kreative Schriftsteller erreicht für *alle* von diesem Test gelieferten psychopathologischen Meßdaten Werte im oberen 15 %-Bereich, gemessen an der Durchschnittspopulation! Der durchschnittliche kreative Architekt zeigt weniger deutliche Abweichungen, bezogen auf diese Vergleichsziffern für psychopathologische Dispositionen liegt er jedoch immer noch durchgängig und deutlich höher als der Durchschnitt der Gesamtpopulation. (Vgl. MacKinnon et al., 1961, für die Statistiken zum Architekten-Sample; die relevanten Durchschnittswerte für die beiden Schriftstellergruppen finden sich in Tabelle 7.4.)
Man könnte nun versucht sein, aus diesen Daten zu schließen, daß kreative Schriftsteller - wie jeder Normalbürger schon lange vermutet hat - ein bißchen "verrückt" sind. Und natürlich ist man in selbstbewußt künstlerischen und intellektuellen Kreisen seit eh und je stolz darauf gewesen, zumindest als exzentrisch zu gelten. Die Bezeichnung "total übergeschnappt" ist für einen Menschen mit ausgeprägten intellektuellen Gaben

ein hohes Lob. Allerdings war der "göttliche Wahnsinn", den die Griechen für ein Geschenk der Götter und für ein wesentliches Merkmal des Dichters hielten, nicht wie etwa die Psychose ein Minus an Normalität, sondern im Gegenteil ein Plus. Die gemeine Psychose erstickt und engt ein, der göttliche Wahnsinn dagegen ist eine Befreiung vom "Konsensus".
Wäre dies der Fall, so müßten sich bei unseren kreativen Individuen eigentlich Anzeichen gesteigerter Ich-Stärke finden, d. h., eine ausgeprägtere psychopathologische Natur existierte Seite an Seite mit einer ausgeprägteren persönlichen Leistungsfähigkeit. Psychometrisch betrachtet wäre eine solche Koexistenz ganz und gar ungewöhnlich. Die Ich-Stärken-Skala des MMPI beispielsweise korreliert -.60 mit Schizophrenie für die Durchschnittspopulation und -.50 mit anderen Variablen wie Hysterie, Hypochondrie und psychopathischer Abweichung.
Dennoch begegnet uns diese ungewöhnliche Koexistenz als Muster nicht nur in bezug auf die Ich-Stärke, sondern auch in bezug auf die Skalen des California Psychological Inventory, welche in ihrer Mehrzahl selbst Aspekte der Ich-Stärke sind und negativ mit den vom MMPI gemessenen psychopathologischen Dimensionen korrelieren. Der durchschnittliche Ich-Stärken-Wert für die als kreativ eingestuften Schriftsteller ist 58, für die kreativen Architekten liegt er bei 61. Kurz gesagt, ihre Überlegenheit gegenüber der Gesamtpopulation bezüglich ihrer Ich-Stärke entspricht fast genau ihrer Abweichung bei pathologischen Dispositionen wie Schizophrenie, Depression, Hysterie und psychopathischer Deviation. Dieser Befund bestätigt sich in den Ergebnissen des California Psychological Inventory, [...] wo auch die Mittelwerte der repräsentativen Berufskollegen zu Vergleichszwecken angegeben sind.
Diese CPI-Profile lassen auf einen hohen Grad von persönlicher Effizienz schließen. Kreative Schriftsteller zeichnen sich aus durch ein besonderes Maß an Flexibilität, durch ein Interesse an psychologischen Fragestellungen und durch ihre Fähigkeit, Leistungen aus eigener Kraft und nicht mittels Anpassung zu erreichen. Hohe Werte ergeben sich hier auch für die Anerkennung der eigenen Persönlichkeit, aktives Sozialverhalten und die Fähigkeiten zur Erlangung eines hohen sozialen Status. Kreati-

ve Architekten heben sich ähnlich von der Normalität ab: durch ihre Anerkennung der eigenen Persönlichkeit, die Erreichbarkeit eines entsprechenden Status, durch eigenständig vollbringbare Leistung, Flexibilität, durch aktives Sozialverhalten und persönliche Dominanz.

Zu diesem ungewöhnlichen Muster aus Psychopathologie und persönlicher Effizienz haben wir an dieser Stelle (1963) folgendes ausgeführt:

> Wenn man diese Testergebnisse ernst nimmt, so erscheinen (kreative Menschen) aus psychologischer Sicht kränker und zugleich auch gesünder als Durchschnittsmenschen. Oder, anders gesagt, sie sind viel größeren psychologischen Problemen ausgesetzt, verfügen aber auch über ungleich mehr Möglichkeiten, mit diesen Problemen fertigzuwerden. Diese Feststellung deckt sich recht gut mit ihrem Sozialverhalten. Sie sind eindeutig effiziente Menschen mit Stolz und Gefühl für die eigne Besonderheit. Jedoch das Gesicht, das sie mitunter an den Tag legen, ist voller Schmerz, oft voller Protest, manchmal voller Distanz und Zurückgezogenheit. Ganz sicher sind sie emotional. Natürlich sind dies alles ausgesprochen normale Eigenarten, die durch entsprechende Maxima auf ihren Diagnoseprofilen angezeigt werden. ...
> Die CPI-Profile decken auch bestimmte gleichbleibende Unterschiede auf zwischen den hoch kreativen und weniger kreativen Angehörigen der beiden Berufe. In der Schriftstellerei wie auch in der Architektur sind die kreativeren Menschen flexibler und eher bereit, sich selbst als Person zu akzeptieren. Dagegen erzielen sie für Sozialisation und Selbstkontrolle weitaus geringere Werte. Sie bekunden weniger häufig ein "Gefühl des Wohlbefindens" und auf einer eigens zur Messung ihres "Bemühens um einen guten Eindruck" entwickelten Skala liegen sie deutlich unter der Gesamtpopulation. Dieser letzte Befund ist möglicherweise mit den niedrigen Werten für "Leistung durch Konformität" verbunden. Auf der bereits beschriebenen Skala für Urteilsunabhängigkeit korreliert Kreativität im Beruf signifikant mit höherer Unabhängigkeit. Für die Gruppe der Architekten liegt die Korrelation bei .43, und auch bei Schriftstellern läßt sich hier ein hoch signifikanter Unterschied in dieser Richtung beobachten. Der Durchschnittswert für die Gesamtpopulation auf der Urteilsunabhängigkeitsskala ist 8.12; repräsentative Schriftsteller erreichten 11.69 und kreative Schriftsteller 15.69.

Im Hinblick auf C. G. Jungs Theorie psychologischer Typen zeigen sich erneut durchgängige Unterschiede zwischen den kreativeren und weniger kreativen Angehörigen der beiden Berufe. Kreative Schriftsteller und kreative Architekten sind auffällig "intuitive", aber nicht "sensualistische" Typen und in ihren Grundhaltungen eher "wahrnehmend" als "beurteilend". Sie unterscheiden sich in beiden Punkten sowohl von der Gesamtpopulation als auch von ihren Berufskollegen. Diese Ergebnisse beruhen auf dem Myers-Briggs Typenindikator, einem Fragebogen, der sich aus Jungs Theorie herleitet und die Terminologie aus dessen Buch *Psychologische Typen* weitgehend übernimmt. Dieser Fragebogen liefert Maßwerte für Introversion-Extraversion, Fühlen-Denken, Beurteilen-Wahrnehmen und Intuition vs. Empfindung. Nur 25 % der Gesamtpopulation sind nach diesem Test dem "intuitiven" Typus zuzurechnen, während 100 % der kreativen Architekten (gegenüber 59 % der repräsentativen Architekten) und 92 % der kreativen Schriftsteller (gegenüber 84 % der repräsentativen Schriftsteller) als intuitiv klassifiziert wurden. Auf der Ebene der Begriffe Wahrnehmung vs. Beurteilung fielen 58 % der kreativen Architekten im Vergleich zu 17 % der repräsentativen Architekten unter den ersten Begriff.

MacKinnon kommentiert diese Testergebnisse wie folgt (1962):

In der Sprache des Tests, auch wenn dieser und die ihm zugrundeliegende Theorie damit beinahe schon unzulässig vereinfacht werden, könnte man sagen, daß wann immer ein Mensch seinen Geist zu einem beliebigen Zweck bemüht, er entweder einen Akt der Wahrnehmung (er wird sich einer Sache bewußt) oder einen Akt des Urteilens (er kommt zu einem Schluß über etwas) vollzieht. Und sehr viele Menschen neigen dazu, eine durchgängige Vorliebe für und ein größeres Vergnügen an dem einen oder anderen zu entwickeln. Sie bevorzugen entweder das Wahrnehmen oder das Beurteilen, obwohl jeder sowohl wahrnimmt als auch beurteilt.
Eine habituelle Bevorzugung der urteilenden Haltung kann zu einer gewissen Anfälligkeit für Vorurteile führen, und letztendlich auch zu einer geordneten, kontrollierten und sorgsam geplanten Lebensgestaltung. Eine Bevorzugung der wahrnehmenden Haltung bedeutet ein Leben mit größerer Offenheit für Erfahrungen von innen und außen, charakterisiert durch Flexibilität und Spontaneität. Der urteilende Typus betont die Kontrolle und Regulation von Erfahrungen, während der wahrnehmende Typus eher offen und aufnahmebereit für alle möglichen Erfahrungen ist.
Die Mehrzahl unserer kreativen Schriftsteller, Mathematiker und Architekten sind wahrnehmende Typen. Lediglich unter den Naturwissenschaftlern aus dem Bereich der Forschung fanden wir eine Mehrzahl von urteilenden Typen, und selbst in dieser Gruppe gibt es interessanterweise eine positive Korrelation (.25) zwischen der Vorliebe eines Forschers für die Wahrnehmung und seiner festgestellten wissenschaftlichen Kreativität. Bei den Architekten beträgt die Korrelation zwischen Vorliebe für Wahrnehmung und festgestellter Kreativität .41.
Die zweite mit dem Typenindikator gemessene Bevorzugung ist auf die beiden Wahrnehmungsarten bezogen: sinnliche Wahrnehmung oder Empfindung, d. h., ein direktes Bewußtwerden der Dinge über die Sinne gegenüber der intuitiven Wahrnehmung oder Intuition, d. h., einer indirekten Wahrnehmung tieferer Bedeutungen und Möglichkeiten hinter den Dingen und Situationen. Auch hier gilt wiederum, daß jeder empfindet und intuitiv erkennt, jedoch

legen einstweilige Testnormierungen nahe, daß in den Vereinigten Staaten drei von vier Personen eine Vorliebe für die sinnliche Wahrnehmung zeigen, sich auf unmittelbare Sinneserfahrung verlegen und ihre Aufmerksamkeit dem Faktischen zuwenden. Der eine von vieren mit einer Vorliebe für intuitive Wahrnehmung sucht dagegen nach einer Brücke oder Verbindung zwischen dem gegenwärtig Gegebenen und dem noch Ungedachten, wobei er gewöhnlicherweise auf Möglichkeiten bedacht ist.
Man sollte erwarten, daß kreative Menschen nicht an Stimuli und Objekte gebunden sind, sondern stets aufgeschlossen für das Noch-Nicht-Realisierte sind. Eben diese Erwartung wird durch den Test mit dem Typenindikator bestätigt. ...

Es sei hinzugefügt, daß nicht nur auffällig kreative Schriftsteller vorwiegend intuitiv sind, sondern auch ihre eher repräsentativen Kollegen. Der prozentuale Unterschied ist hier zu gering, als daß er statistisch signifikant wäre. Diese Tendenz professioneller Schriftsteller allgemein zu gesteigerter Wahrnehmung und Intuition im Vergleich zum Durchschnittsmenschen erklärt sich möglicherweise aus den Arten innerer Erfahrungen, von denen sie in unserem Interview über das "Nicht-Rationale" berichteten. Das Interviewmaterial ist nur schwer in einfache statistische Begriffe umzusetzen und zudem verfügen wir bisher nicht über entsprechende Vergleichsdaten. Die zur Zeit verfügbaren Ergebnisse sind in dem bereits erwähnten Band (Barron, 1968) dargestellt. In ihrer Gesamttendenz lassen diese Daten auf eine erhöhte Sensibilität von Schriftstellern schließen: auf größere Offenheit für Gefühle der Ehrfurcht und des Einsseins mit dem Universum, aber zugleich auch auf deren Gegenstücke wie Gefühle des Schreckens, des Verlassenseins und der Trostlosigkeit, ein lebhafteres Traumleben mit eindeutig stärkerer Tendenz zu farbigen Träumen und auch zu Alpträumen, häufigere Vorahnungen einer fast präkognitiven Art und größere Bereitwilligkeit, an prophetische Träume zu glauben. Aber gleichzeitig indizieren die Ergebnisse auch eine Tendenz zur Skepsis gegenüber dem Leben nach dem Tode und - wie vielleicht erwartet - eine Neigung an die Unmöglichkeit einer Kommunikation zwischen Lebenden und Toten zu glauben.
Die allgemein typische Disposition hinter diesen Erfahrungen und Einstellungen ist möglicherweise eine Offenheit für Erfahrungen in Randbereichen des gewöhnlichen Bewußtseins. So bezeichneten viele Schriftsteller das Unbewußte als den Born ihrer wichtigsten Ideen und Einsichten. Dies widerspricht gerade-

zu dem psychoanalytischen Konzept des Unbewußten als eines Residiums unterdrückter mentaler Inhalte. Wir werden später noch zu dieser Frage zurückkehren, wenn Lawrence Kubies Theorie (Kubie, 1958) zur Diskussion stehen wird, wonach der kreative Prozeß nie die Unterstützung des Unbewußten erfährt, sondern diesem gerade ein Hindernis ist. Schriftsteller scheinen dem Unbewußten gegenüber wohlwollender eingestellt zu sein als Psychoanalytiker. Wir müssen jedoch diesen Problemkreis noch eingehender betrachten, nämlich dann, wenn in einem späteren Kapitel die Probleme der Förderung kreativen Denkens zu erörtern sind.

Literaturverzeichnis

Amthauer, Rudolf, ^{4}1973. *I-S-T 70 Intelligenz-Struktur-Test.* Göttingen: Hogrefe.

Barron, Frank, 1967. "The Psychology of the Creative Writer." in: F. Barron, Ed., *Explorations in Creativity.* New York: Harper & Row, 69-74.

Barron, Frank, 1968. *Creativity and Personal Freedom.* New York: van Nostrand.

Barron, Frank, 1969. "Creative Writers, Mathematicians, and Architects." in: F. Barron, *Creative Person and Creative Process.* New York: Holt, Reinhart & Winston, 63-78.

Borgeest, Claus, 1977. *Das sogenannte Schöne.* Frankfurt/M.: Fischer.

Curtius, Mechthild, Hrsg., 1976. *Theorien der künstlerischen Produktivität.* Frankfurt/M.: Suhrkamp (stw 166).

Dreitzel, Hans Peter, 1972. *Die gesellschaftlichen Leiden und das Leiden an der Gesellschaft.* Stuttgart: Enke.

Enke, H. et al., 1973. *Lehrbuch der Medizinischen Psychologie.* München: Urban & Schwarzenberg.

Enzensberger, Christian, 1977. *Literatur und Interesse.* München-Wien: Hanser.

Fahrenberg, Jochen; Selig, Herbert & Rainer Hampel, ^{3}1978. *Das Freiburger Persönlichkeitsinventar FPI.* Göttingen-Toronto-Zürich: Hogrefe.

Friedrich, Hugo, ^{6}1966. *Die Struktur der modernen Lyrik.* Reinbek: Rowohlt.

Garnier, Pierre, 1966. "Jüngste Entwicklung der internationalen Lyrik." in: Reinhold Grimm, Hrsg., *Zur Lyrik-Diskussion.* Darmstadt: Wissenschaftliche Buchgesellschaft, 451-469.

Gomringer, Eugen, Hrsg., 1972. *konkrete poesie.* Stuttgart: Reclam (Universalbibliothek Nr. 9350/51).

Groeben, Norbert, 1981. "Zielideen einer utopisch-moralischen Psychologie." in: Zeitschrift für Sozialpsychologie, 12, 104-133.

Heckhausen, Heinz, 1963. *Hoffnung und Furcht in der Leistungsmotivation.* Meisenheim: Hain.

Hintzenberg, Dagmar; Schmidt, Siegfried J. & Reinhard Zobel,

1980. *Zum Literaturbegriff in der Bundesrepublik Deutschland.* Braunschweig/Wiesbaden: Vieweg (Konzeption empirische Literaturwissenschaft, Bd. III/IV).

Jäger, Adolf Otto, 1967. *Dimensionen der Intelligenz.* Göttingen: Hogrefe.

Jaffé, Hans L. C., 1967. *Mondrian und de Stijl.* Köln: DuMont.

Kopfermann, Thomas, 1974. *Theoretische Positionen zur Konkreten Poesie.* Tübingen: Niemeyer.

Krappmann, Lothar, [4]1975. *Soziologische Dimensionen der Identität.* Stuttgart: Klett.

Krolow, Karl, 1963. *Aspekte zeitgenössischer Lyrik.* München: List.

Macherey, Pierre, 1974. *Zur Theorie der literarischen Produktion.* Darmstadt/Neuwied: Luchterhand (sl. 123).

McCall, George & J. L. Simmons, 1974. *Identität und Interaktion.* Düsseldorf: Pädagogischer Verlag.

Ragotsky, Hedda, 1974. "Literatursoziologie". in: D. Krywalski, Hrsg., *Handlexikon zur Literaturwissenschaft.* München: Ehrenwirth, 266-270.

Revers, W. J., [3]1973. *Der Thematische Apperzeptionstest.* Bern-Stuttgart-Wien: Huber.

Roth, Erwin, 1972. *Der Werteinstellungstest.* Bern: Huber.

Rühm, Gerhard, Hrsg., 1967. *Die Wiener Gruppe.* Reinbek: Rowohlt.

Schmidt, Siegfried J., Hrsg., 1978. *das experiment in literatur und kunst.* München: Fink (Grundfragen der Literaturwissenschaft, NF, Bd. 3).

Schmidt, Siegfried J., 1980. *Grundriß der Empirischen Literaturwissenschaft.* Tbd. 1. *Der gesellschaftliche Handlungsbereich Literatur.* Braunschweig-Wiesbaden: Vieweg (Konzeption empirische Literaturwissenschaft Bd. I).

Schmidt, Siegfried J., 1982. *Grundriß der Empirischen Literaturwissenschaft.* Tbd. 2. *Zur Rekonstruktion literaturwissenschaftlicher Fragestellungen in einer Empirischen Theorie der Literatur.* Braunschweig-Wiesbaden: Vieweg (Konzeption empirische Literaturwissenschaft Bd. I).

Schmidt, Siegfried J., Hrsg., 1982. *Literatur und Kunst: Wozu?* Heidelberg: Winter.

Schmidt, Siegfried J., 1982a. *Kunst und Experiment und.* MUK 18.

(Veröffentlichungen des Forschungsschwerpunkts Massenmedien und Kommunikation an der Universität/GH Siegen)
Schoppe, Karl-Josef, 1975. *Verbaler-Kreativitäts-Test (V-K-T).* Göttingen-Toronto-Zürich: Hogrefe.
Wartegg, Ehrig, ²1976. *Schichtendiagnostik.* Göttingen: Hogrefe.
Weiermair, Peter, Hrsg., 1968. *kolloquium poesie.* Innsbruck: Allerheiligenpresse.